Jairo Siqueira

Criatividade Aplicada

Habilidades e técnicas essenciais para a criatividade, inovação e solução de problemas.

1ª edição

Rio de Janeiro

2015

Siqueira, Jairo

Criatividade Aplicada, 1ª edição

Rio de Janeiro, RJ, fevereiro de 2015

1. O Processo Criativo
2. Ferramentas de Criatividade
3. Desenvolvimento e Seleção de Ideias
4. Solução Criativa de Problemas
5. Transformando Ideias em Ações.

Sumário

Introdução — 4
Seção I: O Processo Criativo — 6
  O que é a Criatividade? — 6
  O processo criativo — 12
  Bloqueios mentais — 21
  Pensamento de Grupo: como evitar a unanimidade burra — 25
  As 10 atitudes das pessoas muito criativas — 29
  Criatividade e intuição — 33
  A arte das perguntas criativas e desafiadoras — 36

Seção II: Ferramentas de Criatividade — 44
  Técnicas de criatividade — 44
  Mapa Mental — 49
  Brainstorming — 58
  O Método Delphi — 70
  Questionamento de Suposições — 77
  Desafio e Provocação — 81
  Analogia e Metáfora — 84
  O Leque Conceitual — 89
  SCAMPER — 94
  Análise de Atributos — 99
  Nove Janelas — 104
  Pensamento Inventivo Sistematizado — 110

Seção III: Desenvolvimento e Seleção de Ideias — 122
  A Tragédia das Ideias Perdidas — 122
  Critérios para Avaliação de Soluções Criativas — 126

Matriz de Classificação de Ideias	128
PNI: Positivo, Negativo e Interessante	132
Análise do Campo de Forças	136
Diagrama de Afinidades	138
Matriz Decisória	141
Seção IV: Solução Criativa de Problemas	**144**
Introdução	144
Preparação para o SCP	147
Entendimento do desafio	152
Geração de ideias	161
Preparação para a ação	163
Seção V: Transformando Ideias em Ações	**168**
Como transformar ideias em ações	168
Definição do objetivo	169
O plano de ação	172
Viabilizando a mudança	176
O gerenciamento da execução	179
Bibliografia	**182**

Introdução

Acredito que tornar-se um pensador mais criativo é muito importante, como também possível para todas as pessoas, tanto para os jovens estudantes, como para os profissionais dos diversos setores da atividade humana.

Tornar-se mais criativo significa ampliar e desenvolver as habilidades de solução de problemas e de aproveitar as oportunidades que surgem no dia a dia. Isto implica no domínio de algumas técnicas, ferramentas e estratégias que nos ajudam a entender os desafios, a gerar ideias para lidar com estes desafios, selecionar as melhores opções e planejar e implementar com sucesso as ações de melhoria ou inovação.

Nos últimos sessenta anos, um grande número de estudiosos tem trabalhado na criação de algumas dezenas de ferramentas de criatividade. Há uma vasta gama de recursos que refletem uma notável diversidade de estilos e abordagens. Neste livro, apresento uma seleção de ferramentas de criatividade que considero essenciais e suficientes para a maioria das situações relacionadas à melhoria e inovação de produtos, serviços e processos. As ferramentas selecionadas têm sido usadas com sucesso tanto na indústria, como também no comércio, publicidade, governo, educação, lazer e outros setores.

Estas ferramentas têm ajudado indivíduos e equipes a gerarem uma grande variedade de ideias interessantes, ou a elaborar e tornar as ideias mais ricas e completas. Elas fornecem um meio estruturado para combinar intuição, imaginação, conhecimentos e experiência na geração de ideias inovadoras. Fornecem a matéria prima para desafios intelectuais mais complexos e para ações bem sucedidas na realização de objetivos diversos, como:

- Melhorias radicais ou desenvolvimento de novos processos, produtos ou serviços.

- Melhorias da qualidade e da produtividade.
- Soluções criativas de problemas crônicos como desperdícios, reclamações constantes de clientes, erros persistentes, etc.
- Ações corajosas e inovadoras para tratar importantes questões sociais, econômicas e ambientais ainda não equacionadas e causadoras de pobreza, injustiças, conflitos e insegurança.

Eu o convido a aplicá-las e a compartilhar conosco suas experiências e resultados.

Jairo Siqueira
siqueira.jairo@gmail.com
https://CriatividadeAplicada.com

Seção I
O Processo Criativo

O que é a Criatividade?

O que vem à sua mente quando você pensa sobre a criatividade? Muitos pensam em pessoas muito especiais e que a criatividade envolve talentos extraordinários. Associam criatividade com as artes, com a ciência e grandes invenções. Pensam em Leonardo da Vinci, Mozart, Einstein, Picasso, Santos Dumont, Henry Ford e Steve Jobs. Estas pessoas certamente realizaram coisas notáveis, com impactos profundos e duradouros sobre nossas vidas. Mas há outras valiosas expressões de criatividade que se incorporaram ao nosso cotidiano, mas que não são lembradas quando se fala em criatividade. Muito do que você hoje olha como trivial e corriqueiro, já foi considerado uma notável invenção na ocasião de sua introdução. Refiro-me a invenções simples, mas que se tornaram indispensáveis, como a tesoura, o lápis, o carrinho de supermercado, etc. Da mesma forma, presenciamos diariamente valiosas expressões de criatividade em todos os setores de atividade como artesanato, indústria, comércio, cinema, medicina, etc.

Esta diversidade de manifestações criativas explica as dezenas de definições para o termo criatividade. A criatividade tem significados distintos para diferentes pessoas e pode ser definida segundo a perspectiva limitada de diferentes disciplinas como negócios, ciências, música, artes plásticas, teatro, dança e arquitetura.

Numa perspectiva bastante abrangente, a criatividade pode ser definida como o processo mental de geração de novas ideias por indivíduos ou grupos. Uma nova ideia pode ser um novo produto, uma nova peça de arte, um novo método ou a solução de um problema. Esta definição tem uma implicação importante, pois, como processo, a criatividade pode ser estudada, compreendida e aperfeiçoada. Ela tira da criatividade aquela áurea de um evento mágico, místico e transcendental; um beijo de Deus na sua testa.

Ser criativo é ter a habilidade de gerar ideias originais e úteis e solucionar os problemas do dia a dia. É olhar para as mesmas coisas como todo mundo, mas ver e pensar algo diferente. O balão de ar quente foi inventado pelos irmãos Joseph e Etienne Montgolfier em 1783. A ideia teria ocorrido a Joseph ao ver a camisola de sua mulher levitar, depois que ela a colocara diante do forno para secar. Daí teria surgido a ideia de construir um grande invólucro de papel e seda em forma de pera, com uma abertura na base para ser inflado com a fumaça de palha queimada. Milhões de pessoas já tinham visto este fenômeno, mas somente os irmãos Montgolfier tiraram proveito prático desta observação. Eles viram muito mais do que uma camisola flutuando – isto é criatividade.

Inovação e criatividade são a mesma coisa?

A resposta é não. Criatividade é pensar coisas novas, inovação é fazer coisas novas e valiosas. Inovação é a implementação de um novo ou significativamente melhorado produto (bem ou serviço), processo de trabalho, ou prática de relacionamento entre pessoas, grupos ou organizações. Os conceitos de produto, processo e prática são totalmente genéricos, se aplicando a todos os campos da atividade humana, como indústria, comércio, governo, medicina, engenharia, artes, entretenimento, etc. O termo implementação implica em ação: só há inovação quando a nova ideia é julgada valiosa e colocada em prática. Os irmãos Montgolfier transformaram a observação de uma camisola flutuando num balão – isto é inovação.

Nem sempre a inovação é o resultado da criação de algo totalmente novo, mas, com muita frequência, é o resultado da combinação original de coisas já existentes. A invenção do radar é uma combinação de elementos conhecidos: ondas de rádio, amplificadores e osciloscópios. Algumas importantes inovações consistem na criação de novos usos para objetos e tecnologias existentes. Um bom exemplo é o uso da Internet pelos bancos, permitindo aos clientes o acesso remoto aos serviços bancários. Outro exemplo: o uso do telefone celular para monitoramento de portadores de doenças cardíacas.

Como as ideias surgem?

Muitos acreditam que as pessoas criativas têm algo de mágico e que suas ideias surgem de repente e do nada, frutos de um momento misterioso e inexplicável, ou de um feliz acidente. Algumas ideias são frutos do acaso, mas esta não é a regra. Thomas Alva Edison, um dos maiores inventores de todos os tempos, tinha uma visão totalmente diferente do processo criativo: *O gênio é 99% transpiração e 1% inspiração. Eu nunca criei algo de valor acidentalmente, nem fiz nenhuma de minhas invenções por acidente. Elas surgiram do trabalho.* Pablo Picasso também tinha idêntica opinião: *A inspiração existe, mas ela deve encontrá-lo trabalhando.*

> *Basta olhar para a biografia dos gênios para ver que genialidade é uma qualidade desenvolvida com esforço, disciplina e rigor. Gênios descobrem sua habilidade natural e trabalham duro, durante longos anos, para desenvolver o que há de melhor nessa sua habilidade. Foi isso que levou Michelangelo a dizer que, se as pessoas soubessem o esforço necessário para levá-lo aonde ele chegou, não o chamariam de gênio.* Jacob Pétry, filósofo.

O que vale para os gênios vale para todos que querem desenvolver suas habilidades criativas. O primeiro passo é entender que as ideias criativas não surgem por passes de mágica, por uma centelha mental ou por acidente; isto pode acontecer, mas como exceção e não como regra geral. O processo criativo exige esforço e nem sempre as ideias nascem prontas, perfeitas e acabadas; muitas vezes elas surgem de ideias simples e incompletas, simples esboços que precisam ser elaborados, combinados e melhorados. Grandes ou simples, as ideias nascem de um processo que pode ser estudado, aperfeiçoado, ensinado e replicado.

Uma pergunta que surge naturalmente neste ponto: Todos nós podemos usufruir do conhecimento deste processo criativo, ou somente algumas mentes privilegiadas? Hoje, há uma ampla concordância sobre a resposta a esta pergunta: Sim, todos podemos usufruir do conhecimento e domínio do processo criativo e desenvolver nossa capacidade de gerar ideias originais e inovadoras. Para entender melhor esta afirmação, faz-se necessário refletir um pouco sobre como nossa criatividade natural tem sido submetida a um processo de inibição ao longo de nossas vidas.

O declínio da criatividade natural

Desde o momento em que ensaiamos nossos primeiros passos, tem início um sutil e inconsciente movimento de inibição de nossa criatividade natural. Primeiro em casa, depois na escola e no trabalho somos instados a andar em terreno já conhecido, seguir a tradição e não "fazer marolas".

Este processo tem seu lado positivo, pois a vida em sociedade requer a observação de certas regras e costumes. No entanto, traz um efeito secundário pernicioso: o lento, mas inexorável, bloqueio de nossa curiosidade, imaginação e engenhosidade.

No livro "Ponto de Ruptura e Transformação", George Land e Beth Jarman relatam os resultados de testes realizados com um grupo de 1.600 crianças nos EUA. O estudo se baseou nos testes usados pela NASA para seleção de cientistas e engenheiros inovadores. No primeiro teste as crianças tinham entre 3 e 5 anos e 98% apresentaram alta criatividade; o mesmo grupo foi testado aos 10 anos e este percentual caiu para 30%; aos 15 anos, somente 12% mantiveram um alto índice de criatividade. Teste similar foi aplicado a 280.000 adultos e somente 2% se mostraram altamente criativos.

George Land e sua parceira Beth Jarman concluíram que aprendemos a ser não-criativos. O declínio da criatividade não é devido à idade, mas aos bloqueios mentais criados ao longo de nossa vida. A família, a escola e as empresas têm tido sucesso em inibir o pensamento criativo. Esta é a má notícia. A boa notícia é que as pesquisas e a prática mostram que este processo pode ser revertido; podemos recuperar boa parte de nossas habilidades criativas. Melhor ainda, nós podemos impedir este processo de robotização.

O desenvolvimento da criatividade requer que abandonemos nossa zona de conforto e nos libertemos dos bloqueios que impedem o pleno uso de nossa capacidade mental. Nas palavras do poeta Guillaume Apollinaire, temos de perder o medo de voar:

Cheguem até a borda, ele disse.
Eles responderam: Temos medo.
Cheguem até a borda, ele repetiu.
Eles chegaram.
Ele os empurrou... e eles voaram.

É claro que alguns mais talentosos terão mais facilidade em dominar o processo criativo e gerar ideias extraordinárias, mas a humanidade não carece somente de grandes ideias. Nosso dia a dia se tornou mais agradável, produtivo e seguro graças a uma miríade de pequenas, mas indispensáveis invenções, como o parafuso, a chave de fenda, a escova de dente, a escada e muitas outras, sem as quais a vida moderna seria menos confortável, saudável e produtiva.

O desenvolvimento da criatividade

Assumindo, então, que nós nascemos com o dom natural da criatividade, surgem algumas perguntas práticas: Como podemos desenvolvê-la? O que é este processo criativo e como dominá-lo? O desenvolvimento da criatividade individual envolve os seguintes elementos:

- Compreensão do processo criativo.
- Identificação dos bloqueios à criatividade e das habilidades e atitudes para superar estes bloqueios.
- Domínio de técnicas e ferramentas usadas para apoiar a geração de ideias e de soluções originais e inovadoras.

Nas páginas seguintes, apresentaremos estes elementos numa sequência que facilita a compreensão de suas interligações e como podem ser utilizados para o aprimoramento das habilidades criativas.

O processo criativo

Algumas pessoas veem a criatividade como uma atividade relativamente não estruturada de pular em torno de ideias até se deparar com a ideia certa. Embora isto funcione para algumas pessoas, muitas situações da vida real requerem uma abordagem mais estruturada. A liberdade para experimentar é essencial para a criatividade, como também alguma disciplina para assegurar objetividade e consistência.

Seja qual for o nível de estruturação adotado, o processo criativo se fundamenta em três princípios: **atenção, fuga e movimento**. O primeiro princípio nos diz: concentre-se na situação, oportunidade ou problema; o segundo: escape do pensamento convencional; o terceiro: dê asas à sua imaginação. Estas três ações mentais formam uma estrutura integrada em que se baseiam todos os métodos de pensamento criativo. As diferenças entre os diversos métodos encontrados na literatura especializada estão na ênfase dada a cada um destes princípios e nas ferramentas usadas.

Atenção

O processo criativo começa pela percepção de que há uma oportunidade de se criar algo novo e valioso ou pelo sentimento de que há um problema a ser resolvido. Ao concentrarmos nossa atenção no problema ou oportunidade, preparamos nossa mente para romper com a realidade existente e se abrir para a percepção de possibilidades e conexões que normalmente não enxergamos. Atenção é a mais poderosa das ferramentas de nossa mente; a originalidade de nossas ideias depende de como usamos nossa atenção e da extensão em que nos envolvemos emotiva e racionalmente com o desafio em questão.

Se estivermos explorando oportunidades, voltamos nossa atenção para o que não funciona ou pode ser aperfeiçoado:

- O que é difícil e complicado e pode se tornar fácil e simples?
- O que é lento e pode se tornar rápido, ou vice-versa?
- O que é pesado e pode se tornar leve e portátil?
- O que é instável e pode se tornar estável e confiável?
- O que é oneroso e pode se tornar mais econômico?
- O que é nocivo e perigoso e deve ser eliminado ou neutralizado?
- O que está separado e pode ser combinado e unificado, ou vice-versa?
- Muitas outras possibilidades em que usualmente não prestamos atenção.

Até 1980, a indústria de computadores dirigia sua atenção para a máquina, como torná-la mais potente. Apple e Microsoft focaram sua atenção no usuário, em como tornar o computador mais acessível e mais amigável, revolucionando toda a indústria de informática.

A inovação implica encontrar soluções criativas para as oportunidades que surgem de se fazer algo diferente e melhor, criando vantagens sobre os concorrentes. Peter Drucker identificou sete fontes de oportunidades de inovação a que devemos estar atentos:

1. **O inesperado:** um sucesso inesperado, um fracasso inesperado ou um evento inesperado podem sinalizar a existência de uma oportunidade especial.
2. **A incongruência**: uma discrepância entre a realidade e o que todos assumem o que pode ser, ou entre o que é e o que deveria ser, pode criar uma oportunidade de inovação.
3. **As necessidades do processo**: quando é evidente um link fraco num determinado processo, mas as pessoas se acomodam ao invés de fazer alguma coisa, uma oportunidade

se torna disponível para a pessoa ou organização que desejar fornecer o link ausente.

4. **Mudanças na indústria ou no mercado**: a oportunidade para um produto, serviço ou abordagem inovadora ocorre quando as premissas básicas da indústria ou do mercado mudam, como as preferências e gostos dos consumidores.
5. **Demografia**: mudanças no tamanho da população, na distribuição das faixas etárias, na composição da sociedade e nos níveis de emprego, educação e rendimentos podem criar oportunidades de inovação.
6. **Mudanças nas percepções, disposição e crenças**: oportunidades de inovação podem surgir quando as crenças, atitudes e percepções da sociedade mudam. Um exemplo atual é a crescente preocupação com a sustentabilidade e com a proteção ao meio ambiente.
7. **Novos conhecimentos**: avanços no conhecimento científico e não científico podem criar novos produtos e novos serviços.

Se estivermos analisando um problema, concentramos nossa atenção para compreender melhor a situação, suas diferenças e similaridades com outras situações conhecidas, as peculiaridades do problema analisado e suas possíveis causas. Procuramos entender a situação explorando respostas para as seguintes questões: O que está acontecendo? Onde? Como? Quando? Por quê? Quem está envolvido?

Tanto no caso de exploração de oportunidades, quanto no caso de solução de problemas, devemos ficar atentos aos paradigmas, aos sentimentos e às suposições que podem estar atuando sobre nossa percepção e entendimento da situação. *"A verdadeira viagem do descobrimento não consiste na procura de novas paisagens, mas em ter novos olhos"* – Marcel Proust.

Fuga

Tendo concentrado nossa atenção na maneira como as coisas são feitas atualmente, o segundo princípio do processo criativo nos chama a escapar mentalmente dos nossos atuais modelos de pensamento. É a hora de refletir sobre os bloqueios mentais e derrubar as paredes que limitam nossa imaginação ao que sempre fizemos e ao que é confortável e aparentemente seguro. Mesmo com a sobrevivência ameaçada, muitas organizações se apegam a práticas e modelos obsoletos, como ilustrado no caso a seguir.

Até o início da década de 1970, as seguradoras brasileiras não usavam a cobrança bancária para receber os pagamentos dos segurados. A cobrança era feita pelos corretores que visitavam mensalmente os segurados, recebiam os valores e os remetiam à seguradora. Como os corretores atrasavam as visitas, ou mesmo a remessa à matriz, os prazos de recebimento podiam chegar a alguns meses.

Com a inflação superando os 20% ao mês, este esquema se tornou insustentável e a cobrança bancária inevitável. No entanto, apesar dos enormes prejuízos do modelo de cobrança via corretores, uma parcela significativa de dirigentes se posicionou contra a cobrança bancária. Alegavam que, sem a visita mensal dos corretores, os segurados não iriam ao banco para fazer os pagamentos e o seguro acabaria cancelado. Sustentavam ainda que, sem o contato humano periódico, os segurados perderiam o interesse em manter e renovar o seguro. Nenhuma destas suposições se confirmou.

A verdade é que os hábitos, mais do que nossas habilidades, predominam na escolha de nossos caminhos. Tendemos a trilhar sempre o mesmo vale que se torna cada vez mais profundo e mais difícil de escapar. *"Você não pode resolver um problema com a mesma atitude mental que o criou"* - Albert Einstein.

Movimento

Simplesmente prestar atenção e escapar do modelo de pensamento atual não é sempre suficiente para gerar ideias criativas. Movimento, o terceiro princípio nos leva a aprofundar a exploração e combinação de novas ideias. É o momento de dar asas à imaginação e gerar novas opções, sem perder de vista os propósitos do processo criativo. É o momento de fazer conexões insólitas, de ver analogias e relações entre ideias e objetos que não eram anteriormente relacionados.

Combinação e conexão: as fontes de ideias inovadoras

Dois princípios se destacam na geração de ideias. O primeiro nos diz que uma ideia é nada mais e nada menos que a combinação de elementos já existentes. Em consequência, o segundo princípio importante é que a capacidade de trazer elementos já existentes para novas combinações depende largamente de nossa habilidade de ver relações.

Estes dois princípios esclarecem as grandes diferenças entre mentes criativas e não criativas. As mentes não criativas veem cada fato como uma porção isolada de conhecimento. As criativas veem cada fato como um elo numa cadeia de conhecimento; os fatos têm conexões e similaridades. As ideias inovadoras nascem da percepção e exploração destas conexões e similaridades. Algumas ilustrações muito atuais das aplicações destes princípios são as combinações entre a TV, a telefonia, o computador e a internet. Outras são as aplicações da nanotecnologia na medicina, na indústria, na lavoura e outros setores.

O hábito mental que nos conduz à procura de conexões entre fatos aparece como um hábito de mais elevada importância na produção de ideias.

A arte de produzir ideias

Com estes dois princípios em mente – o princípio de que uma ideia é uma nova combinação, e o princípio que a habilidade de fazer novas combinações é fortalecida pela habilidade de ver relações – vamos ver agora o método que nos ajuda a colocar em prática estes dois princípios.

A técnica de produção de ideias segue seis passos numa sequência bem definida. Individualmente, estes seis passos são bastante conhecidos, mas o ponto importante é o reconhecimento de suas relações e do fato que nossa mente segue estes seis passos, mesmo que às vezes não estejamos conscientes do processo.

Os seis passos do método de produção de ideias:

Passo 1: Formulação do desafio

Uma boa formulação do desafio deve perguntar o que fazer para se obter a solução de uma situação indesejada ou para converter uma oportunidade em um benefício ou vantagem. O desafio deve ser colocado de uma forma que estimule a nossa imaginação e nossas habilidades criativas e nos leve a explorar novas perspectivas, combinações e conexões. Algumas boas formas de iniciar a formulação de desafios: Como podemos ...?; De que maneira podemos ...?; E se ...?

As técnicas de formulação do desafio são abordadas com mais profundidade no capítulo "A arte das perguntas criativas e desafiadoras" nesta seção.

Passo 2: Obtenção de matéria prima

Procura de matérias primas (fatos, dados, informações, etc.), tanto as relacionadas diretamente ao problema a ser solucionado, como aquelas que enriquecem seu estoque de conhecimento, sua cultura geral. A permanente curiosidade sobre o que acontece à nossa volta e fora de nosso campo de trabalho pode resultar numa valiosa fonte de ideias. Muitas ideias criativas resultam do cruzamento e combinação de conhecimentos específicos com conhecimentos gerais.

Passo 3: Processar a matéria prima

Deixar sua mente trabalhar sobre a matéria prima obtida. Esta é uma etapa demorada e difícil de ser descrita em termos concretos, pois se passa integralmente dentro de sua mente. Consiste no exame cuidadoso do material coletado, no sentido de tentar entender o significado de cada elemento e identificar diferenças, semelhanças, relações e outras conclusões que podem ser obtidas do conjunto.

Passo 4: Incubação

Neste estágio, sem nenhum esforço direto ou pressão, deixe sua mente digerir o resultado da etapa anterior e trabalhar na síntese do conhecimento obtido. Boa parte desta etapa pode se passar no nível do inconsciente. Dedique seu tempo a atividades que estimulem sua imaginação e emoções, como ouvir música, ir ao teatro ou cinema, ler, andar, dançar, pescar e outras atividades relaxantes.

Passo 5: Nascimento da ideia

Este é o momento em que a ideia surge, não como um passe de mágica, mas como o resultado do trabalho realizado nas etapas anteriores. Muitas ideias podem surgir, e é importante que este fluxo de ideias não seja prematuramente interrompido. Receba as ideias como elas chegam, sem julgamentos apressados. Agindo assim, estará pondo em prática outro importante princípio criativo: separe o momento de geração do momento de julgamento das ideias. Não pise no freio ao mesmo tempo em que pressiona o acelerador.

Passo 6: Desenvolvimento e seleção de ideias

Terminada a geração de ideias, chega o momento de avaliá-las segundo os critérios apropriados de viabilidade, praticidade, utilidade, economia, e identificar as mais promissoras. Considere sempre que nenhuma ideia nasce perfeita e acabada. A semente de toda inovação é uma ideia altamente especulativa e inacabada, que precisa ser trabalhada para se tornar viável e prática. Pela sua própria natureza, quanto mais ambiciosa a ideia, mais frágil ela se apresentará, mais falhas terão que ser corrigidas. Este importante tema é abordado com mais profundidade na Seção III – Desenvolvimento e Seleção de Ideias.

Este é o método de produção de ideias: simples, mas requer um árduo trabalho intelectual. Você deve conhecer algumas pessoas cujas ideias surgem de repente, como uma faísca, sem passarem por este processo disciplinado. Se você, como a maioria de nós, não é umas dessas pessoas, a prática deste método pode ajudá-lo a desenvolver suas habilidades criativas, a explorar novas combinações e conexões e expandir a sua capacidade de geração de ideias inovadoras.

O conhecimento dos três princípios do processo criativo, Atenção, Fuga e Movimento, abre o caminho para o entendimento das diversas técnicas e ferramentas de criatividade encontradas nos livros dedicados ao tema. As técnicas existentes têm a finalidade de nos auxiliar em pelo menos um dos três princípios. Diferentes métodos resultam das diferentes combinações destas técnicas. Dominando os três princípios, você pode criar o seu próprio método, selecionando, combinando, ou mesmo criando as técnicas e ferramentas que mais se adaptam à sua personalidade e preferências. Você também pode adequar métodos, técnicas e ferramentas de criatividade ao problema específico que está enfrentando.

A figura a seguir resume os três princípios e apresenta um *checklist* do que você deve considerar na escolha de suas ferramentas de criatividade.

Atenção	**Fuga**	**Movimento**
A que?	De que?	Em que sentido?

- **Atenção** — A que?
  - ❖ Elementos da situação atual.
  - ❖ Características, atributos e categorias.
  - ❖ Diferenças e similaridades.
  - ❖ Suposições, padrões e paradigmas.
  - ❖ O que funciona e o que não funciona.
  - ❖ Coisas em que não temos prestado atenção.

- **Fuga** — De que?
  - ❖ Ideias dominantes.
  - ❖ Pensamento convencional.
  - ❖ Restrições mentais atuais.
  - ❖ Julgamentos prematuros.
  - ❖ Barreiras e regras.
  - ❖ Suposições.
  - ❖ Experiências passadas.
  - ❖ Tempo e lugar.

- **Movimento** — Em que sentido?
  - ❖ No tempo e no espaço.
  - ❖ A outro ponto de vista.
  - ❖ Do geral para o particular e vice-versa.
  - ❖ Livre associação de ideias.
  - ❖ Explorar conexões entre conceitos, tecnologias e objetos.

Adaptado de Paul E. Plsek - *Creativity, Innovation and Quality,* ASQ Quality Press, 1997

Bloqueios mentais

Bloqueios mentais são obstáculos que nos impedem de perceber corretamente o problema ou conceber uma solução. Pela ação destes bloqueios, nos sentimos incapazes de pensar algo diferente, mesmo quando nossas respostas usuais não funcionam mais. Alguns bloqueios são criados por nós mesmos: temores, percepções, preconceitos, experiências, emoções, etc. Outros são criados pelo ambiente: tradição, valores, regras, falta de apoio, conformismo, entre outros.

Em muitas situações, a inovação se constitui no abandono de alguns conceitos arraigados e na procura de novas regras para o negócio. No questionamento de regras "intocáveis" estão as grandes oportunidades de inovação de processos e produtos. O setor de transporte aéreo oferece alguns belos exemplos de rompimento com suposições ultrapassadas e quebra de regras tradicionais:

a) As companhias aéreas abandonaram o paradigma de um preço único e fixo para um determinado trecho. Já há algum tempo, as tabelas de tarifas aéreas oferecem preços variados conforme o dia da semana, o horário da viagem e a ordem de reserva.

b) O bilhete de passagem aérea era um documento imprescindível. Se fosse perdido, a viagem estava comprometida. Hoje, basta apresentar a carteira de identidade.

Hoje, pode parecer que são mudanças triviais, mas, na verdade, exigiram o rompimento com regras vigentes há quase 100 anos. Essas regras tinham sido estabelecidas com base em suposições que se tornaram inadequadas com o tempo por uma ou várias razões: inovações tecnológicas, mudanças de hábitos, mudanças na legislação, pressão da concorrência, etc.

Tipos de bloqueios mentais

Os bloqueios mentais podem ser classificados em cinco categorias:

Bloqueios culturais: Barreiras que impomos a nós mesmos, geradas por pressões da sociedade, cultura ou grupo a que pertencemos. Eles nos levam à rejeição do modo de pensar de pessoas ou grupos diferentes. Alguns destes bloqueios:

- Nós não pensamos ou agimos deste jeito aqui.
- Nosso jeito é o certo.
- Respeitamos nossas tradições.
- Não se mexe em time que está ganhando.

Bloqueios ambientais e organizacionais: Resultantes das condições e do ambiente de trabalho (físico e cultural):

- Distrações no ambiente de trabalho, reais ou imaginárias (interrupções, ruídos, telefone, e-mail).
- Ambiente de trabalho opressivo, inseguro, desagradável.
- Atitudes inibidoras à expressão de sentimentos, emoções, humor e fantasia.
- Autoritarismo, estilos gerenciais inibidores.
- Falta de apoio, cooperação e confiança.
- Rotina estressante e inibidora.

Bloqueios intelectuais e de comunicação: Inabilidade para formular e expressar com clareza problemas e ideias. Podem resultar de vários fatores:

- Falta de informação e pouco conhecimento sobre o problema ou situação analisada.
- Informação incorreta ou incompleta.
- Fixação profissional ou funcional, isto é, procurar soluções unicamente dentro dos limites de sua especialização ou campo de atividade.

- Crença de que para todo problema só há uma única solução válida.
- Uso inadequado ou inflexível de métodos para solução de problemas.
- Inabilidade para formular e expressar com clareza problemas e ideias.

Bloqueios emocionais: Resultantes do desconforto em explorar e manipular ideias. Eles nos impedem de comunicar nossas ideias a outras pessoas. Alguns exemplos:

- Medo de correr riscos; desde criança somos ensinados a ser cautelosos e não falhar nunca.
- Receio de parecer tolo ou ridículo.
- Dificuldade em isolar o problema.
- Desconforto com incertezas e ambiguidades.
- Negativismo: procura prematura de razões para o fracasso, por que não vai dar certo.
- Inabilidade para distinguir entre realidade e fantasia.

Bloqueios de percepção: Obstáculos que nos impedem de perceber claramente o problema ou a informação necessária para resolvê-lo. Inabilidade para ver o problema sob diversos pontos de vista. Exemplos:

- Estereótipos: ignorar que um objeto pode ter outras aplicações além de sua função usual. Gutenberg adaptou a prensa de uvas para imprimir livros; Santos Dumont usou a corda de piano para substituir as pesadas e grossas cordas usadas nos balões.
- Fronteiras imaginárias: projetamos fronteiras no problema ou na solução que não existem na realidade.
- Sobrecarga de informação: excesso de informações e de detalhes que restringem a solução que pode ser considerada.

Os bloqueios são paredes invisíveis que nos impedem de sair dos estreitos limites do cubículo que construímos ao longo dos anos.

Os tijolos desta parede são feitos de nossos medos, frustrações, ansiedades e imposições da sociedade, família, colegas e superiores. Quando de sentir paralisado e incapaz de pensar diferente, relaxe e procure enxergar estes tijolos. A consciência dos bloqueios mentais já é meio caminho andado no desenvolvimento de suas habilidades criativas.

Pensamento de Grupo: como evitar a unanimidade burra

A livre expressão de ideias é uma condição importante para potencializar a atitude criadora individual e coletiva. Neste sentido, a regra mais importante para assegurar o sucesso de uma sessão de criatividade é a total ausência de criticas e *feedback* negativo. Na fase de geração de ideias, todo julgamento deve ser suspenso. Cada participante deve silenciar seu censor interno, tanto para as ideias de seus colegas de grupo, como também para suas próprias ideias.

Esta regra tem um inimigo insidioso, cuja presença e consequências nem sempre são claramente percebidas durante as sessões de criatividade: o pensamento de grupo (*groupthink*). Pensamento de grupo é um fenômeno psicológico que ocorre em grupos de pessoas. Ao invés de avaliar criticamente as informações, os membros do grupo começam a formar opiniões subordinadas ao modo de pensar imposto pelo grupo. Equipes afetadas pelo pensamento de grupo priorizam a coesão do grupo e tendem a fechar os olhos para a realidade e tomar decisões irracionais e antiéticas. Os principais danos são a perda do pensamento independente, da criatividade individual e da capacidade de jazer julgamentos sólidos. Uma equipe se torna vulnerável ao pensamento de grupo quando:

a) Seus membros compartilham idêntica formação profissional e as mesmas experiências.
b) São mantidos isolados de opiniões externas.
c) Não existem regras claras para tomada de decisão.
d) Suas avaliações são influenciadas por lideres controladores que somente aceitam a conformidade com seus pontos de vista.

Sintomas do pensamento de grupo

Irving Janis, pesquisador da Yale University, documentou oito sintomas do pensamento de grupo:

1. Ilusão de invulnerabilidade – otimismo excessivo que encoraja a tomada de riscos extremos.
2. Racionalização coletiva – membros minimizam sinais de alerta e não reconsideram suas suposições. Informações que contradizem as suposições adotadas são ignoradas.
3. Crença na moralidade inerente – membros acreditam no acerto de sua causa e, portanto, ignoram as consequências éticas e morais de suas decisões.
4. Visões estereotipadas dos não pertencentes ao grupo – visões negativas do "inimigo" fazem ver como desnecessárias as respostas efetivas para resolução de conflitos.
5. Pressões diretas sobre os dissidentes – os membros sofrem pressões para não expressar argumentos contrários às visões do grupo.
6. Autocensura – dúvidas e desvios do consenso percebido pelo grupo não são manifestadas.
7. Ilusão de unanimidade – as visões e julgamentos da maioria são assumidos como unanimidades.
8. Auto designados "vigilantes mentais" – membros protegem o grupo e o líder de informação problemática ou contrária à coesão, visão e/ou decisões do grupo.

As pressões do grupo levam ao pensamento descuidado e irracional, pois, na busca da coesão e unanimidade:

a) Falham em considerar todas as alternativas.
b) Realizam uma pobre pesquisa de informações.
c) Analisam as informações de forma tendenciosa.
d) Falham na análise de riscos das alternativas preferidas.
e) Têm dificuldades em reconhecer os erros e reavaliar suas decisões.
f) Falham em estabelecer planos de contingência.

As decisões têm uma baixa probabilidade de serem bem sucedidas. Quanto se trata de inovação, as ideias tendem a serem conservadoras e sem imaginação, toda mudança é vista como uma séria ameaça ao grupo.

Prevenção do pensamento de grupo

Os grupos não são necessariamente destinados ao pensamento de grupo. Algumas medidas podem ser adotadas para prevenir o pensamento de grupo:

- Os líderes devem atribuir a cada membro o papel de "avaliador crítico". Isto permite a cada membro a liberdade de expressar objeções e dúvidas.
- Os chefes não devem impor suas opiniões ao designar ao grupo a tarefa de desenvolver soluções para um problema. Ele deve estabelecer metas, mas não restringir o pensamento criativo na procura de soluções alternativas.
- Ao designar um grupo para trabalhar num problema, deixar bem claro que todas as alternativas devem ser examinadas.
- Montar uma equipe multidisciplinar para assegurar pontos de vista e abordagens diversificadas.
- O grupo pode e deve convidar especialistas fora do grupo e partes interessadas no problema para participarem ativamente das discussões e expressarem suas opiniões.
- Ao menos um membro do grupo deve receber a incumbência de "Advogado do Diabo". Deve ser uma pessoa diferente para cada reunião.

Seguindo estas diretrizes, o pensamento de grupo pode ser evitado. Um bom exemplo foi dado por John F. Kennedy, presidente dos EUA. Após o fracasso da tentativa de invadir Cuba e depor Fidel Castro, em que tinha ignorado as objeções ao plano da CIA, Kennedy tratou de evitar o pensamento de grupo durante a Crise de Mísseis Cubanos, que colocou o mundo na iminência de uma guerra nuclear.

Durante as reuniões para tratar da crise com a União Soviética e Cuba, ele convidou especialistas externos para compartilhar seus pontos de vista, e permitiu aos membros de sua equipe questioná-los abertamente. Ele também permitiu aos membros de sua equipe discutir possíveis soluções para o impasse entre os EUA e a Rússia com pessoas confiáveis de seus departamentos. Ele dividiu sua equipe em vários subgrupos para quebrar parcialmente a coesão grupal. Kennedy se ausentou deliberadamente de reuniões, de forma a evitar pressionar seus assistentes com suas próprias opiniões. Para tomar uma decisão vital de como evitar uma guerra nuclear, ele necessitava urgentemente de alternativas para escolher o melhor modo de negociar a solução do impasse com os líderes soviéticos.

As 10 atitudes das pessoas muito criativas

Nada pode impedir uma pessoa com a atitude mental correta de realizar seu objetivo; nada na terra pode ajudar uma pessoa com a atitude mental errada. Thomas Jefferson.

Criatividade não é meramente uma questão de técnicas e habilidades mas, sobretudo, de uma atitude mental no trato de problemas e de ideias. Mesmo para alguém versado nas técnicas de criatividade, sem uma atitude mental correta estas técnicas não produzirão resultados. Para serem eficazes, as técnicas de criatividade precisam ser acompanhadas de atitudes que nos levem a ver o mundo sob diferentes perspectivas, a vencer os bloqueios mentais e a trilhar caminhos nunca antes tentados. Algumas atitudes mentais essenciais para o pensamento criativo são apresentadas a seguir.

1. Curiosidade

Criatividade requer uma disposição permanente para investigar, procurar entender e obter novas informações sobre as coisas que nos cercam. Para se tornar uma pessoa mais criativa você deve aprender a perguntar *"por que?"* e *"e se...?"* e incorporar estas perguntas ao seu modo de vida. Infelizmente, com a maturidade perdemos aquela atitude inquisitiva da infância, quando não dávamos trégua aos nossos pais, querendo saber o *porquê* sobre tudo. Faz-se necessário estimular a volta desta curiosidade natural, anulada pela escola, pela família e pelas empresas.

2. Confrontando desafios

As pessoas criativas não fogem dos desafios, mas os enfrentam perguntando *"como eu posso superar isto?"*. Elas têm uma atitude positiva e veem em cada problema uma oportunidade de exercitar a criatividade e conceber algo novo e valioso.

3. Descontentamento construtivo

As pessoas criativas têm uma percepção aguda do que está errado no ambiente em volta delas. Contudo, elas têm uma atitude positiva a respeito desta percepção e não se deixam abater pelas coisas erradas. Ao contrário, elas transformam este descontentamento em motivação para fazer algo construtivo. Santos Dumont era um entusiasta dos balões, mas não estava satisfeito com suas limitações e não descansou até inventar uma aeronave dirigível.

4. Mente aberta

Criatividade requer uma mente receptiva e disposta a examinar novas ideias e fatos. As pessoas criativas têm consciência e procuram se livrar dos preconceitos, suposições e outros bloqueios mentais que podem limitar o raciocínio. Certamente não podemos quebrar todas as regras, mas na solução de problemas e na inovação é importante questionar as regras, especialmente quando elas aprisionam nossa mente a velhos hábitos e modos de pensar. Muitas vezes, para seguir adiante é necessário abandonar a estrada principal e tentar caminhos nunca percorridos.

5. Flexibilidade

As pessoas muito criativas são hábeis em adotar diferentes abordagens na solução de um problema. Elas sabem combinar ideias, estabelecer conexões inusitadas e gerar muitas soluções potenciais. Elas adoram olhar as coisas sob diferentes perspectivas e gerar muitas ideias.

6. Suspensão do julgamento

O julgamento prematuro é o caminho certo para bloquear a criatividade. Imaginar e criticar ao mesmo tempo, é como dirigir com o pé no freio. As pessoas criativas sabem que há um tempo para desenvolver ideias e outro para julgá-las. Elas têm consciência que toda ideia nasce frágil e precisa de tempo para maturar e revelar seu valor e utilidade antes de ser submetida ao julgamento. No trabalho em equipe, deve-se ficar atento e combater vigorosamente os comportamentos que inibem a criatividade, desencorajam as contribuições dos participantes e minam o espírito de equipe.

7. Síntese

Olhe as árvores, sem perder a visão da floresta. A capacidade de se concentrar nos detalhes sem perder de vista o todo é uma habilidade fundamental das pessoas criativas. A visão do todo lhe dá os caminhos para estabelecer conexões entre informações e ideias aparentemente desconexas.

8. Otimismo

Henry Ford resumiu bem as consequências de nossas atitudes: *Seja acreditando que você pode, seja que não pode, você estará provavelmente certo.* Pessoas que acreditam que um problema pode ser resolvido acabam por encontrar uma solução. Para elas nenhum desafio é tão grande que não possa ser enfrentado e nenhum problema tão difícil que não possa ser solucionado.

9. Perseverança

Experimentar e ter alguns fracassos faz parte do processo de inovação. As pessoas muito criativas não desistem facilmente de seus objetivos e persistem na busca de soluções, mesmo quando o caminho se mostra longo e os obstáculos parecem intransponíveis. Com muita frequência, a procura de uma solução criativa requer determinação e paciência. Ouçamos o Professor Sir Harold Kroto, prêmio Nobel de Química: *Nove entre dez de meus experimentos falham, e isto é considerado um resultado muito bom entre os cientistas.*

É oportuno lembrar também as palavras do historiador grego Heródoto que viveu no século V AC: *Alguns desistem de seus projetos quando estão quase atingindo seus objetivos; enquanto outros, pelo contrário, obtêm a vitória empregando, no último momento, esforços mais vigorosos do que antes.*

10. Eterno aprendiz

Frequentemente, a solução criativa nasce de combinações inusitadas, estabelecendo analogias e conexões entre ideias e objetos que não pareciam ter qualquer relação entre si. A matéria prima para estas analogias e conexões são os fatos observados e os conhecimentos e experiências anteriores que a pessoa traz consigo. É através de seu patrimônio cultural que cada pessoa pode dar seu toque de originalidade. Este patrimônio cultural nasce e se alimenta de uma atitude de insaciável curiosidade e de prazer em aprender coisas novas.

Quais destas atitudes mentais caracterizam sua maneira de lidar com seus desafios? Quais são seus pontos fortes? Quais atitudes você precisa desenvolver para fortalecer sua criatividade? Focalize naquelas que você considera essenciais para o aprimoramento de sua criatividade e prepare um plano de ação. Mas tenha sempre em mente que atitudes não são mudadas de um dia para outro. Isto requer disciplina, paciência e perseverança. Pode ser difícil, mas o prêmio é alto.

Criatividade e intuição

Em muitas situações, nem sempre dispomos de informações suficientes para a tomada de decisão, seja pela dificuldade, seja pelos altos custos envolvidos na obtenção de dados. Há também situações em que as informações disponíveis apontam para vários caminhos, todos considerados válidos, tornando a decisão muito difícil. Em outras ocasiões, a situação exige decisões muito rápidas, sem tempo para análises mais profundas e estruturadas. Nestas situações, temos de agir com base em nossa experiência e numa voz interior que nos diz o que deve ser feito, qual o melhor caminho a seguir.

Esta "voz interior" é chamada de intuição, frequentemente mal compreendida e confundida com magia e paranormalidade; às vezes renegada e outras vezes usada temerariamente. Assim sendo, antes de prosseguirmos é prudente deixar claro qual o significado de intuição adotado aqui:

> **Intuição**: 1. Julgamento feito com base em informações incompletas; conhecimento ou sentimento resultante de processos mentais ou sensoriais inconscientes. 2. Ato de ver, perceber, discernir; percepção clara ou imediata; discernimento. 3. Ato ou capacidade de pressentir, pressentimento.

Sem nenhuma dúvida, a intuição tem um papel importante no processo de decisão e no avanço do conhecimento. Como explicar, por exemplo, que o filósofo grego Demócrito, que viveu de 460 AC a 370 AC, tenha concebido a teoria atômica, segundo a qual tudo o que existe é composto por elementos indivisíveis chamados átomos, mais de vinte séculos antes da invenção dos recursos tecnológicos que permitiram estudar a estrutura da matéria.

Intuição e análise: o par perfeito

Descobertas recentes de como a mente trabalha derrubaram a velha concepção de que análise e intuição são duas funções separadas que ocorrem em duas diferentes partes do cérebro. Na nova visão, análise e intuição são tão entrelaçadas que é impossível separá-las. Elas estão juntas em todas as situações. Não há boa análise sem intuição, e nem boa intuição sem análise. Alguns cientistas denominam o novo modelo do cérebro de "memória inteligente", onde a análise coloca elementos em seu cérebro e a intuição os retira e os combina para criar algo novo ou tomar uma decisão. Fonte: *Coup D'Oeil: Strategic Intuition in Army Planning, William Duggan, Columbia Business School.*

Memória inteligente é o processo de raciocínio geralmente inconsciente e instantâneo que conecta fragmentos de memória e de conhecimento a fim de gerar novas ideias. É a memória que nos ajuda a tomar as decisões do dia a dia, que nos traz a lembrança de uma boa piada e que nos dá aquela ideia brilhante para a solução de um problema. A memória inteligente atua fazendo as conexões entre as experiências individuais e as informações armazenadas no nosso cérebro. À medida que amadurecemos, e agregamos mais experiências e conhecimento, a memória inteligente se torna mais forte e mais rápida; a nossa intuição se torna mais refinada, mais versátil e mais confiável.

Forças e fraquezas da intuição

A intuição tem tido um papel extraordinário no desenvolvimento das artes, ciência e tecnologia. Sua importância tem sido reconhecida por cientistas, filósofos, artistas, homens de negócio e atletas, entre outros. Contudo, ela não é perfeita e infalível, como alguns acreditam e apregoam. A confiança exagerada na nossa intuição pode nos levar ao desastre. O melhor conselho sobre intuição: confie, mas verifique. Você não deve enganar a si próprio e adote sempre a premissa de que você é a pessoa mais fácil de ser enganada.

Outro conselho: eduque sua intuição. Sim, ela pode ser educada. Quanto mais conhecimento e experiência você acumular, mais rica a sua bagagem cultural e mais poderosa e confiável a sua intuição. Ao contrário do que alguns pensam, a intuição não é o substituto para a ignorância e desconhecimento dos fatos. Nestes casos, a designação mais certa é palpite irresponsável.

Conclusão: a intuição tem um papel fundamental no processo criativo. É a intuição que faz a conexão entre as informações resultantes da análise do problema com as experiências e conhecimentos armazenados no nosso cérebro. É esta conexão que resulta naquele toque pessoal de originalidade na solução de problemas. A intuição também nos permite superar as lacunas de informação que possam ocorrer na fase analítica.

A arte das perguntas criativas e desafiadoras

Somos criaturas de hábitos e tendemos frequentemente a ignorar os sinais de mudança e permanecer na nossa zona de conforto. Por comodidade, arrogância ou receio, fechamos os olhos para as incongruências em nossos métodos de trabalho, falhamos em ver oportunidades e rejeitamos ideias que depois nossos competidores exploram com sucesso. Surpreendidos por nossa ingenuidade e falta de visão, só nos resta perguntar: "Por que não pensamos nisso?" Mas, em seguida voltamos a nossa zona de conforto e aos modelos habituais de pensamento, repetindo as ideias de sempre.

Hoje em dia, quando a inovação permanente se tornou um dos fatores essenciais para o sucesso e sobrevivência das organizações, a expressão "pensar fora da caixa" (*thinking outside the box*) se tornou o mantra de muitos profissionais dedicados à criatividade e inovação. Pensar fora da caixa significa pensar diferente, de forma não convencional, romper com os paradigmas e ideias dominantes.

Mas como escapar da caixa? Como levar nosso raciocínio para outro nível de pensamento? A resposta está nas perguntas que fazemos, no modo como formulamos nossos desafios. Para escapar da caixa precisamos de perguntas vigorosas que somente podem ser respondidas fora dos paradigmas dominantes, muito além das restrições impostas pela maneira atual de pensar. Perguntas cujas respostas explorem novos caminhos e possibilidades, e não que justifiquem as suposições e limitações da situação vigente. Perguntas tímidas fornecem respostas dentro da caixa, perguntas vigorosas libertam nossa imaginação.

Por que não fazemos boas perguntas?

Nossas habilidades criativas dependem de nossa capacidade de pensar, que por sua vez depende de nossa habilidade de questionar não somente nossas práticas, mas também nossas crenças e suposições. Devemos aprender a questionar os limites de nosso pensamento; precisamos repensar nossa maneira de pensar. Resumindo, a qualidade de nossas perguntas determina a qualidade de nossa criatividade. Não há respostas boas e inovadoras para perguntas fracas e tímidas.

Se fazer boas perguntas é essencial, porque não dedicamos mais tempo e energia na criação de perguntas criativas e desafiadoras? As principais razões estão na nossa educação e nas práticas gerenciais de muitas organizações.

A cultura que orienta nossa educação focaliza mais o aprender a "resposta certa", através da memorização de respostas prontas, ao invés de valorizar a arte de formular a "pergunta certa". Testes, exames e concursos reforçam o valor de ter a resposta certa. Professores dogmáticos se preocupam mais em disseminar suas convicções do que desenvolver as habilidades de raciocinar e questionar em seus alunos. Alguém já disse: "Não é a resposta que nos ensina, mas a pergunta."

As práticas gerenciais nas organizações não mostram muita tolerância para as mentes criativas e questionadoras. Essas práticas valorizam mais aqueles que agem rápido e dentro das regras estabelecidas, mesmo que as causas dos problemas permaneçam intocadas e as "soluções" tenham efeitos transitórios. O ritmo rápido dos negócios reduz o tempo disponível para explorar novas possibilidades e oportunidades de inovação. O futuro acaba sacrificado pela correria do dia a dia, as urgências não deixam espaço para as coisas importantes e as perguntas inovadoras não são formuladas.

O que faz uma pergunta vigorosa e desafiadora?

As boas perguntas são aquelas que nos dirigem para fora da caixa e nos levam a explorar novos caminhos, a dar asas a nossa imaginação e procurar respostas não convencionais. Uma pergunta vigorosa:

- ❖ Desperta a curiosidade.
- ❖ Estimula a reflexão e a criatividade.
- ❖ Revela e desafia as suposições e crenças da situação vigente.
- ❖ Abre novas perspectivas e possibilidades.
- ❖ Gera energia e movimento.
- ❖ Canaliza a atenção e promove a investigação.
- ❖ Promove novas abordagens e a cooperação entre pessoas e equipes.
- ❖ Dá origem a mais perguntas.

A arquitetura das perguntas vigorosas

As perguntas vigorosas podem aumentar significativamente a qualidade da reflexão, da inovação e ação em nossas organizações, no nosso trabalho e em nossas vidas. Elas têm o poder de se espalharem por toda a organização e de provocar mudanças profundas e em larga escala.

Assim sendo, o conhecimento da estrutura básica de formulação de uma pergunta vigorosa é uma habilidade essencial para se explorar todo o seu potencial. De acordo com os estudos de Eric E. Vogt e sua equipe, as perguntas vigorosas têm três dimensões básicas: *construção, escopo e suposições*. Outros critérios que devem ser observados na formulação de uma boa pergunta são: *singularidade de objetivos, posicionamento* e *ausência de critérios avaliativos*. Estas dimensões e critérios contribuem para a qualidade das ideias, do aprendizado e do conhecimento que surgem da pergunta vigorosa e desafiadora.

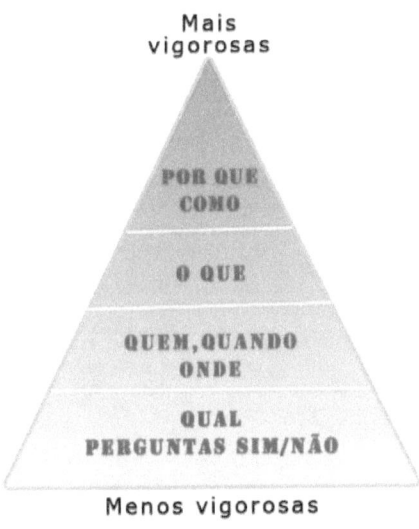

1. A construção da pergunta

O modo como a pergunta é construída pode fazer uma diferença enorme na abertura ou fechamento de nossas mentes na consideração de novas possibilidades. Uma pergunta pode ser fechada, levando a somente duas opções, sim ou não, ou pode ser aberta, abrindo uma ampla janela para uma grande variedade de respostas.

A figura ao lado mostra as formas mais usuais de palavras interrogativas que podemos utilizar na construção de uma pergunta.

As perguntas menos vigorosas estão na base da pirâmide e se tornam mais vigorosas à medida que caminhamos para o topo.

Pra ilustrar, considere a seguinte sequência de perguntas:

- Você está satisfeito com nossos serviços?
- *Quando* você teve a maior satisfação com nossos serviços?
- *O que* em nossos serviços você considera mais satisfatório?
- *Por que* será que nossos serviços têm seus altos e baixos?
- *Como* podemos melhorar nossos serviços aos clientes?

À medida que nos movemos da pergunta sim/não para perguntas cada vez mais abertas e vigorosas, as questões tendem a estimular pensamentos mais reflexivos e instigantes. As questões baseadas nas perguntas mais vigorosas provocam pensamentos mais criativos e profundos. Um modo usual de formular uma pergunta vigorosa e desafiadora é iniciá-la com as seguintes expressões seguidas de um verbo de ação (realizar, melhorar, aumentar, reduzir, ampliar, atrair, criar, etc.) e do objetivo a ser alcançado.

- *Como podemos ...?;*
- *De que maneira podemos...?*
- *Como...?*

Uma nota de precaução: o uso do interrogativo *por que* deve ser feito com cuidado para evitar posições defensivas por parte dos respondentes. A pergunta deve ser estruturada de forma a gerar curiosidade e o desejo de esclarecer as causas do problema analisado, ou de explorar possibilidades ainda não pensadas. Uma variação útil é o *por que não*?

2. O escopo da pergunta

Além dos cuidados na escolha das palavras na formulação pergunta, é também muito importante a adequação do escopo da questão às nossas necessidades e intenções. Considere as três perguntas a seguir:

- ❖ Como podemos melhorar a qualidade do produto X?
- ❖ Como podemos melhorar a qualidade de nosso departamento?
- ❖ Como podemos melhorar a qualidade de nossa empresa?

Neste exemplo, as perguntas ampliam progressivamente o escopo do desafio, considerando sistemas cada vez mais abrangentes. Para tornar as perguntas vigorosas e objetivas, defina o escopo do modo mais preciso possível para mantê-lo dentro de limites realistas e conforme as necessidades da situação em que esteja trabalhando. Não vá além e nem fique aquém do necessário.

3. As suposições embutidas na pergunta

Quase todas as perguntas que fazemos trazem embutidas, de forma explícita ou implícita, suposições que podem ou não ser compartilhadas pelo grupo envolvido na exploração de novas ideias. Por exemplo, a pergunta "Como reduzir os preços de nossos produtos para torná-los mais competitivos?" assume que preços altos são a causa da falta de competitividade. Esta suposição pode não ser compartilhada por todas as pessoas do grupo de estudo, criando decepções, desmotivação e outras atitudes negativas. Como formulada, a pergunta direciona a solução e restringe a exploração de alternativas, deixando de fora ideias relacionadas à qualidade, produtividade, ações de marketing, canais de distribuição, serviços, etc., que podem ser também exploradas.

Para formular perguntas vigorosas, é importante estar ciente das suposições e usá-las adequadamente. É sempre aconselhável examinar a pergunta e identificar as suposições e crenças embutidas e como elas podem ajudar ou dificultar a exploração de novos caminhos de pensamento. As boas perguntas:

- ❖ Ampliam as perspectivas e estimulam a cooperação entre os envolvidos.
- ❖ Não incluem soluções e nem direcionam ou limitam a exploração de alternativas.
- ❖ Não incluem suposições ou suspeitas de erros e culpas e evitam atitudes defensivas.

Esclarecendo ou alterando as suposições, podemos mudar o contexto da pergunta e criar novas oportunidades de inovação.

4. Singularidade de objetivos

Cada desafio deve ter apenas um objetivo. Múltiplos objetivos podem tornar o desafio difícil e criar conflitos sobre suas prioridades. Considere este exemplo de desafio: "Como podemos nos diferenciar de nossos competidores e aumentar radicalmente o consumo de nossos produtos?" Ele tem dois objetivos que devem ser separados. Uma formulação mais adequada poderia ser:

- ❖ Como nos diferenciar de nossos competidores?
- ❖ Como podemos aumentar o consumo de nossos produtos?

Neste caso, uma decisão deve ser tomada sobre a escolha do objetivo principal e do objetivo secundário.

5. Posicionamento

O posicionamento é um tipo de orientação aplicada na definição do escopo do desafio primário, de modo a enriquecer o debate e a geração de ideias. Compare as duas perguntas seguintes:

- ❖ Como podemos nos tornar o melhor departamento **da** empresa?
- ❖ Como podemos nos tornar o melhor departamento **para a** empresa?

Uma pequena mudança altera totalmente as regras do debate. A primeira pergunta isola o debate dentro dos limites do departamento. A segunda pergunta permite ampliar o debate e trazer contribuições de todos os outros departamentos da empresa e de pessoas de fora.

6. Ausência de critérios avaliativos

A inclusão de critérios de avaliação das respostas nos desafios de inovação é um erro muito comum. Misturar as etapas de geração de ideias com o julgamento das mesmas é uma falha grave que inibe a criatividade. Além de inibir a criatividade, o julgamento prematuro gera o descarte de ideias que poderiam ser melhoradas ou servir de gatilho para novas e melhores ideias. Um exemplo de desafio que inclui critérios avaliativos: "Como podemos reduzir o tempo de processamento dos pedidos dos clientes e, ao mesmo tempo, aumentar significativamente a satisfação dos clientes e dobrar as receitas geradas por estes serviços?"

A boa prática recomenda isolar os critérios avaliativos e usá-los somente na fase de julgamento das ideias. Assim teríamos:

- ❖ Desafio reformulado: Como podemos reduzir o tempo de processamento dos pedidos dos clientes?
- ❖ Critérios de avaliação: (1) melhoria da satisfação dos clientes e (2) aumento de receitas.

Pelo entendimento e consideração consciente das três dimensões e dos três critérios, podemos aumentar o poder desafiador de nossas perguntas e, como resultado, melhorar e aumentar nossa habilidade de gerar ideias criativas e inovadoras. Boas perguntas nos ajudam a romper os bloqueios mentais, incentivam a criatividade, promovem a cooperação, nos levam a múltiplas respostas e criam variadas alternativas. Perguntas fracas e tímidas nos mantêm prisioneiros das formas tradicionais de pensar e fornecem respostas convencionais e óbvias.

Seção II
Ferramentas de Criatividade

Técnicas de criatividade

As técnicas de criatividade fornecem métodos que nos ajudam a examinar um problema ou oportunidade sob diferentes perspectivas, a escapar dos bloqueios mentais, a expandir a nossa imaginação e combinar ideias de maneiras que normalmente não nos ocorreriam.

A literatura especializada apresenta uma vasta gama de técnicas e ferramentas para apoiar a geração de ideias, desde métodos altamente estruturados, até outros totalmente desestruturados. Estas abordagens podem ser classificadas em três categorias, reunindo algumas dezenas de ferramentas de criatividade:

1. **Estímulos psicológicos**: ferramentas que têm o propósito de provocar sua mente e libertá-la dos bloqueios mentais que obstruem sua imaginação. A mente age de forma livre e aleatória, procurando uma grande quantidade de ideias, sem muita preocupação com a qualidade e relevância das mesmas. A qualidade e relevância são examinadas posteriormente, na fase de triagem e seleção. Incluo neste grupo o *Brainstorming*, o Questionamento de Suposições, Analogia e Metáfora, Desafio Criativo e Provocação.

2. **Orientação do raciocínio**: ferramentas que ajudam a orientar o pensamento criativo oferecendo conceitos e direções para geração de novas ideias. São métodos medianamente estruturados, com plena liberdade de imaginação, mas seguindo orientações genéricas para assegurar um nível razoável de relevância. Esta categoria inclui também ferramentas que ajudam a organizar e

relacionar as informações obtidas e as ideias geradas. Incluo nesta categoria: O Mapa Mental, o SCAMPER, a Análise de Atributos e o Leque Conceitual.

3. **Pensamento Inventivo Sistematizado**: técnicas que utilizam a base de conhecimentos derivada das experiências inovadoras em diversos campos da atividade humana. As técnicas deste grupo se baseiam nos princípios inventivos identificados pelo engenheiro russo Genrich Altshuller, mediante o exame de mais de duzentas mil patentes de inventos. Através destes princípios, o pensamento criativo pode seguir as trilhas já percorridas por milhares de inventores e solucionadores de problemas e se inspirar nas suas ideias e nas soluções de problemas similares ao seu. Na sua origem, estas técnicas foram criadas para apoiar a solução de problemas técnicos mais complexos, especialmente no desenvolvimento de novos produtos, sistemas e tecnologias. Nos últimos anos, vimos a ampliação da aplicação destas técnicas na solução de problemas gerenciais e sociais. Este grupo inclui: TRIZ - Teoria da Solução Inventiva de Problemas, ASIT (Advanced Systematic Inventive Thinking) e USIT (Unified Structured Inventive Thinking).

Estes três grupos não são excludentes. Você pode combinar as ferramentas dos três grupos, de acordo com seu estilo e suas necessidades. Por exemplo, O *Brainstorming* pode ser combinado com o SCAMPER, com o Mapa Mental, com a Listagem de Atributos e outros.

Por que tantas ferramentas? Não bastariam duas ou três? Poderiam bastar em algumas situações, mas a criatividade é um processo complexo onde tentamos agir sobre os bloqueios mentais, ou seja, no subconsciente. Temos de considerar que:

- ❖ As ferramentas que funcionam para você podem não servir para outras pessoas.

- ❖ Cada ferramenta fornece um distinto tipo de estímulo ou orientação, levando a ideias diferentes.
- ❖ Algumas ferramentas são mais apropriadas para certos tipos de problemas e situações.
- ❖ Algumas ferramentas são mais apropriadas para certas culturas organizacionais.
- ❖ Sua mente pode ficar acostumada com uma ferramenta particular, tornando-a menos eficaz.

Nas páginas seguintes desta seção, apresentamos uma seleção das ferramentas disponíveis. Use aquelas que mais se ajustam ao seu estilo de raciocínio e aos problemas que deseja solucionar. Várias delas podem ser combinadas, especialmente o *Brainstorming*, cujos resultados podem ser enriquecidos pela associação com as outras ferramentas.

Pensamento convergente e divergente

O uso eficaz das ferramentas de criatividade apresentadas nesta seção depende da observação das atitudes e dos princípios criativos apresentados na seção anterior. Em especial, o sucesso no uso das ferramentas está fortemente condicionado à separação rigorosa do momento de geração de ideias do momento de julgamento e seleção das ideias geradas.

O processo criativo é formado por dois tipos distintos de pensamento que se completam: o pensamento divergente e o pensamento convergente.

O pensamento divergente tem o propósito de criar opções, abrir e explorar novos caminhos e gerar uma grande quantidade e diversidade de ideias. Há cinco diretrizes gerais para fomentar e sustentar o pensamento divergente:

- ❖ Adiar o julgamento, não permitindo tanto as críticas quanto os elogios.
- ❖ Encorajar a quantidade e diversidade, anotando cada ideia apresentada.
- ❖ Apoiar o inusitado, batalhando pelo incomum e estranho e encorajando diferentes perspectivas.
- ❖ Procurar por combinações de ideias que podem operar juntas.
- ❖ Construir novas ideias a partir de ideias apresentadas (sem críticas).

O pensamento convergente é uma forma prática de decidir entre as alternativas existentes. É o momento de analisar criticamente e julgar as ideias geradas na etapa do pensamento divergente e selecionar as melhores ideias com base em critérios definidos. As técnicas de desenvolvimento e seleção de ideias são abordadas na Seção III – Desenvolvimento e seleção de ideias.

Nota importante.

Qualquer que seja a ferramenta escolhida, a qualidade das ideias geradas dependerá essencialmente da forma como o desafio é formulado. Este importante passo na geração de ideias criativas está apresentado na seção anterior no capítulo "A arte das perguntas criativas e desafiadoras".

A pergunta certa é a centelha que dará partida ao processo criativo. Seja persistente, pois em algumas situações a resposta certa poderá demorar, mas, se a pergunta for bem feita, a resposta acabará surgindo. Lembre-se também, que não existe resposta certa para pergunta errada.

Mapa Mental

1. O que é

Mapa Mental (*Mind Map*), criado por Tony Buzan, é um diagrama usado para representar palavras, ideias, tarefas ou outros itens ligados a um conceito central e dispostos radialmente em volta deste conceito. É um diagrama que representa conexões entre porções de informação sobre um tema ou tarefa. Os elementos são arranjados intuitivamente de acordo com a importância dos conceitos. Eles são organizados em grupos, ramificações ou áreas.

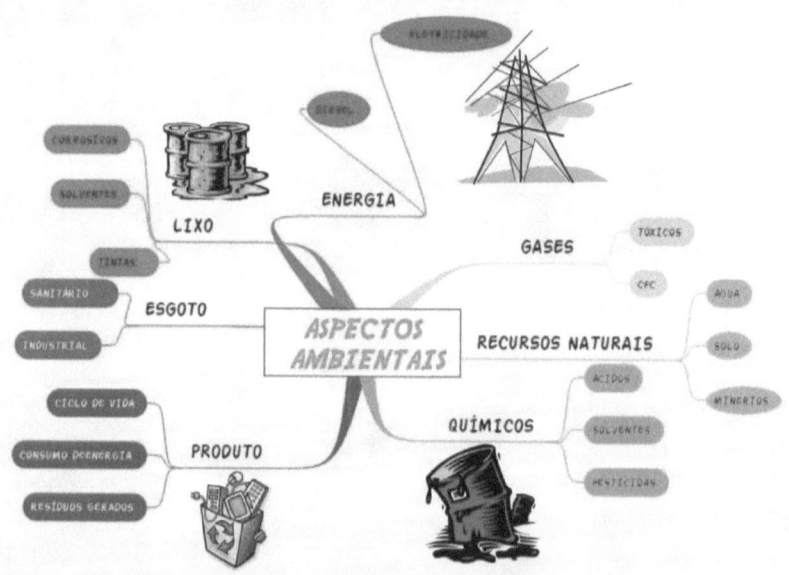

Pela representação das informações e suas conexões de uma maneira gráfica, radial e não linear, o Mapa Mental estimula a imaginação e o fluxo natural de ideias livre da rigidez das anotações lineares (listagens). O Mapa Mental explora o fato de que nosso cérebro:

- Não trabalha de forma linear, mas pula de uma ideia para outra, de forma aleatória, seguindo as associações que vai descobrindo.
- Processa melhor, memoriza e relembra mais facilmente informações que combinam palavras, números, ordem e sequência com cores, imagens, dimensões, símbolos e ritmo visual.

2. Quando usar

O Mapa Mental é usado para gerar, visualizar, estruturar, e classificar ideias e como uma ajuda na pesquisa e organização de informações; no planejamento de projetos, campanhas, cursos, livros, artigos e outras tarefas; na solução de problemas e tomada de decisão, etc. Apresenta muitas vantagens sobre as anotações na forma de listas:

- A ideia principal é definida com mais clareza. Ela é colocada no centro do gráfico.
- A importância relativa de cada ideia é claramente indicada; quanto mais perto do centro, mais importante.
- As conexões entre conceitos são imediatamente reconhecidas.
- As revisões são mais efetivas e mais rápidas.
- Fácil inclusão de novas informações.
- A natureza aberta do gráfico estimula o cérebro a fazer novas conexões.

3. Como usar

O Mapa Mental pode ser usado tanto individualmente como por grupos de pessoas. Pode também ser combinado com outras ferramentas de criatividade, como Brainstorming, o SCAMPER e o Leque Conceitual.

3.1. O Mapa Mental em seis passos

1. Comece pelo centro. Pegue uma folha de papel e desenhe no seu centro uma palavra ou imagem que represente o assunto sobre o qual você irá pensar.

2. Em volta do assunto central coloque os principais temas ligados ao tema central. Estes temas podem ser comparados aos títulos dos capítulos de um livro. São as ideias ordenadoras que definem os focos do Mapa Mental.

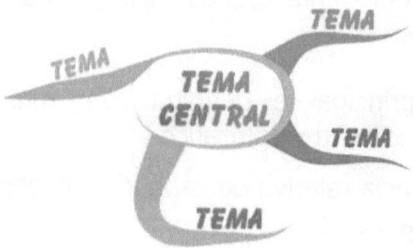

3. Use linhas para ligar estes temas ao assunto central.
4. Desdobre cada um destes temas principais em temas secundários e os conecte ao tema central.

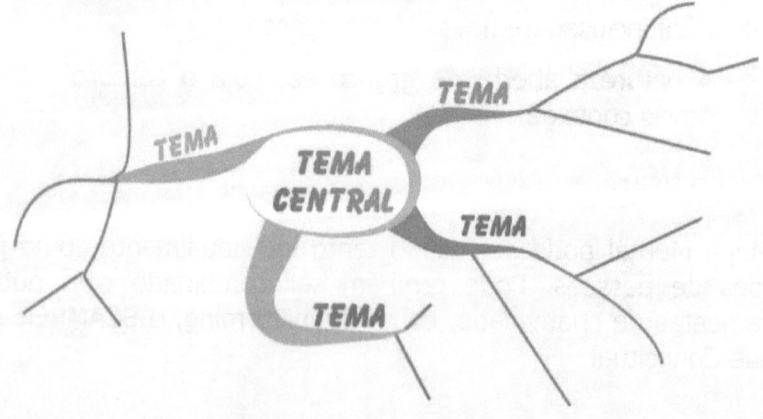

5. Se necessário, desdobre estes temas secundários em novos temas e os conecte ao tema de origem.

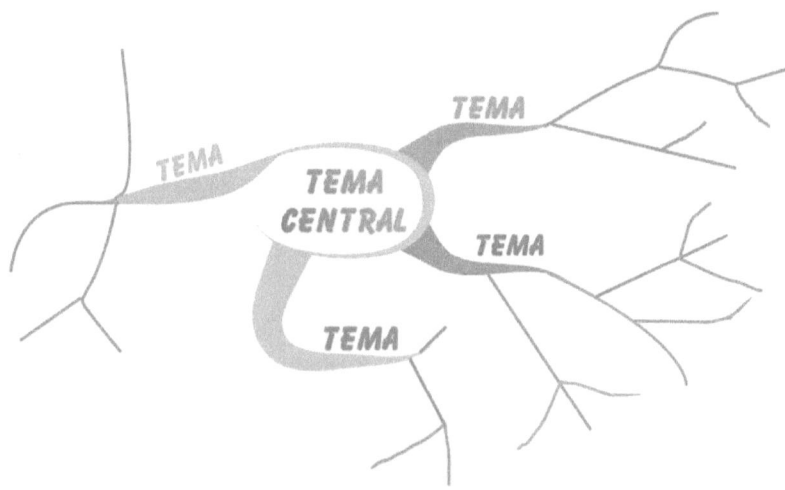

6. Prossiga com os desdobramentos até atingir o nível de detalhamento necessário.

3.2. As regras e técnicas do Mapa Mental

a. Enfatize e evidencie
- ❖ Sempre use uma imagem central.
- ❖ Use cores variadas.
- ❖ Use imagens, símbolos, formas, texturas, etc.
- ❖ Use variações de tamanho das letras, linhas e imagens.
- ❖ Mostre a hierarquia entre os diversos níveis de informação.

b. Não interrompa o fluxo de ideias
- ❖ Anote as ideias imediatamente, como ocorrem.
- ❖ Não pare para fazer julgamentos, continue pensando.
- ❖ Deixe para mais tarde os julgamentos, modificações e melhorias.

c. **Mostre as associações**

- ❖ Use setas para mostrar conexões dentro e entre ramificações.
- ❖ Use cores.
- ❖ Use símbolos.
- ❖ Use formas como triângulos, círculos, retângulos, etc.

d. **Seja claro**

- ❖ Organize o espaço e deixe áreas em branco para futuras inserções.
- ❖ Somente uma palavra chave por linha.
- ❖ Use letras de fôrma, pois são mais fáceis de ler e lembrar.
- ❖ Escreva as palavras ao longo das linhas.
- ❖ Comprimento da linha igual ao comprimento da palavra ou imagem.
- ❖ Linhas centrais mais grossas; a espessura diminui à medida que se afastam do centro.

e. **Desenvolva um estilo próprio**

- ❖ Defina um layout personalizado.
- ❖ No uso de recursos gráficos para mostrar hierarquia, semelhanças e conexões.
- ❖ Na combinação própria de cores, imagens, formas, dimensões, etc.
- ❖ Use sua criatividade e torne seus mapas mais alegres, coloridos e artísticos.

3.3 Recursos usados

 **Setas**: podem ser usadas para mostrar como conceitos que aparecem em diferentes partes estão conectados. As setas podem ser simples ou com ramificações e podem apontar em qualquer direção.

Pontuação e símbolos: asteriscos, pontos de exclamação e de interrogação, cruzes e muitos outros símbolos podem ser agregados às palavras para mostrar conexões ou evidenciar alguma informação.

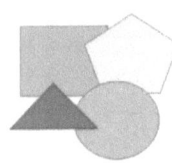
Formas geométricas: triângulos, círculos, elipses, retângulos, etc. podem ser usados para marcar áreas ou palavras que têm alguma semelhança. Por exemplo: triângulos podem ser usados para mostrar áreas de possíveis soluções para o problema analisado.

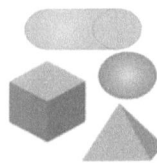
Objetos tridimensionais: cubos, cilindros, esferas, pirâmides, etc. para destacar alguma ideia ou informação.

Imagens criativas: para ressaltar a natureza ou especificidade de um tópico. Use as imagens disponíveis em seu micro ou na internet. Melhor, crie você mesmo as suas próprias imagens.

Cores: as cores são particularmente úteis para ajudar a memória e a criatividade. Podem ser usadas, como as setas, para mostrar como conceitos localizados em diferentes partes do gráfico se conectam ou se relacionam. Elas também podem ser usadas para delimitar as fronteiras entre as grandes áreas do gráfico.

4. Alguns exemplos

Há inúmeros modelos de Mapas Mentais, refletindo a grande variedade de estilos. A seguir uma pequena amostra de modelos.

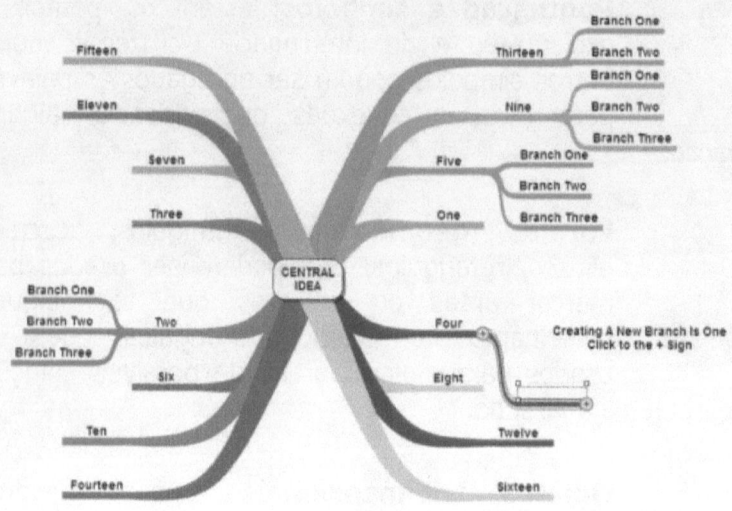

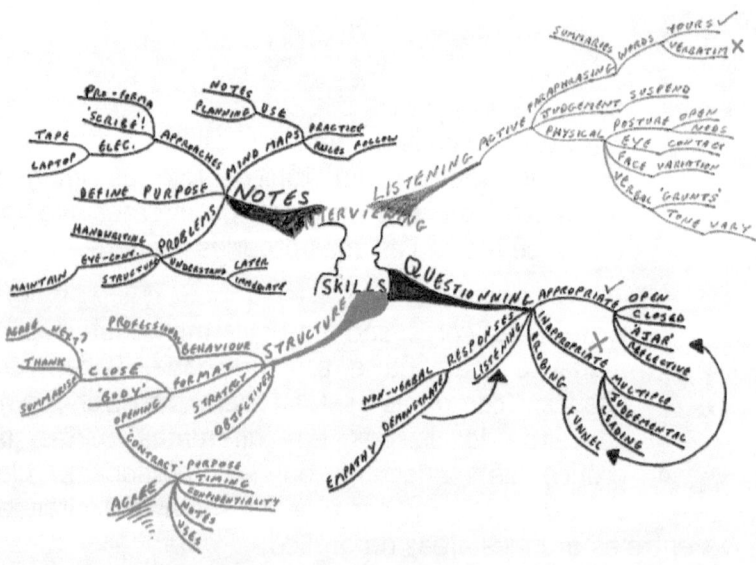

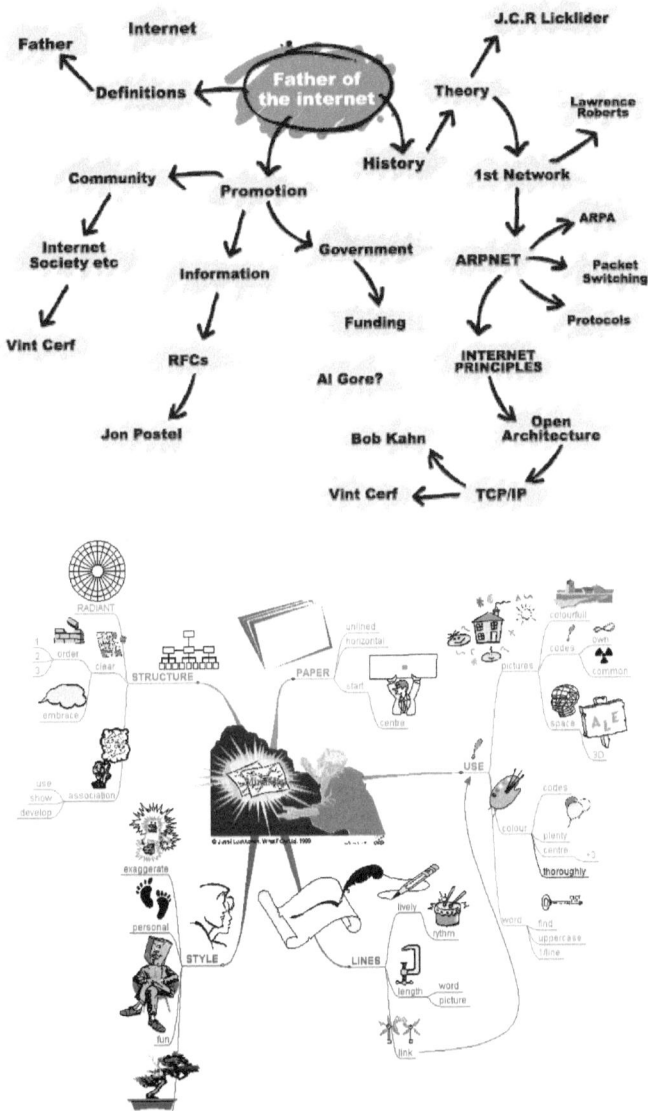

Ideas

- outsource servies
- SWOT analysis
- Increase prices
- Internet presence
- Partnerships
- Buy competitors
- benchmark
- recruit more staff
- offer services
- update products
- train staff
- new products
- Creativity sessions
- Advertise more
- strategic planning
- Improve time management
- Invest in new hardware
- Review job roles
- Encourage personal development
- Improve client satisfaction
- Perform efficiency review
- technological improvements
- improve processes
- cut costs
- review suppliers
- discount products
- customer surveys
- measure performance

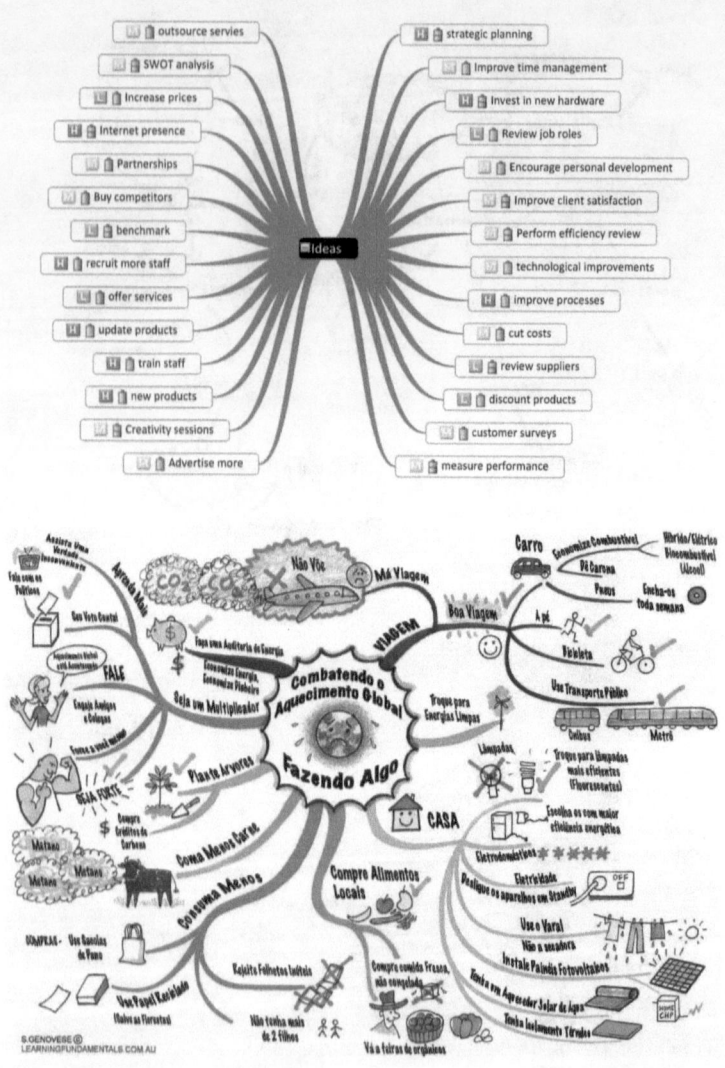

Brainstorming

1. O que é

Brainstorming, criado por Alex F. Osborn, é uma ferramenta para geração de novas ideias, conceitos ou soluções relacionadas a um tema específico, num ambiente livre de críticas e de restrições à imaginação. Brainstorming pode ser traduzido como "Tempestade Cerebral" ou "Tempestade de Ideias". Tem a finalidade de reunir uma série de ideias que possam servir de orientação para a solução de um problema ou desenvolvimento de uma oportunidade. A livre expressão de ideias é uma condição importante para potencializar a atitude criadora individual e coletiva.

2. Quando usar

O Brainstorming é útil quando se deseja gerar em curto prazo uma grande quantidade de ideias sobre um assunto a ser analisado ou resolvido. Após a fase de geração, estas ideias podem ser avaliadas, combinadas e melhoradas. O Brainstorming tem sido usado para gerar ou identificar:

- Ideias
- Soluções
- Riscos
- Temas
- Causas do problema
- Sugestões
- Obstáculos
- Propostas
- Oportunidades
- Atividades a executar

3. Estilo e regras

Geração livre de ideias por uma equipe especialmente formada para estudar soluções para um problema ou analisar uma oportunidade, num espaço de tempo entre 30 e 60 minutos. Pode durar mais ou menos, dependendo da complexidade do assunto e da motivação da equipe. O tamanho ideal da equipe varia entre 6 e 12 pessoas; em certas situações especiais, este número pode ser maior. No entanto, equipes muito grandes são difíceis de serem administradas. Algumas pessoas podem ficar fora das discussões e se tornarem apáticas e negativas.

Uma sessão de Brainstorming tem o propósito de gerar grande número de ideias e deve ser uma ocasião segura e livre para se ter ideias incomuns, mesmo que extremadas, absurdas ou revolucionárias, sem críticas e sem necessidade de fornecer justificativas ou explicações enquanto durar a fase de geração de ideias. Para assegurar quantidade, diversidade e originalidade, as sessões de Braisntorming devem seguir estritamente cinco regras:

1. *Suspensão do julgamento*: separe o estágio de geração de ideias (pensamento divergente) do estágio de avaliação (pensamento convergente). Durante o estágio de geração, estão proibidos os debates e as críticas às ideias apresentadas, pois causam inibições e dificultam a concentração. Sem medo de críticas e sem a necessidade de dar explicações, as pessoas se sentem mais à vontade para compartilhar seus pensamentos. Todas as ideias são consideradas potencialmente valiosas e devem ser preservadas para a fase de avaliação ao final da sessão.
2. *Quantidade é importante*: quanto mais, melhor. Quanto maior a quantidade de ideias ao final da sessão, maior a chance de encontrar uma ideia realmente boa. Um grande número de ideias oferece mais oportunidades de combinar ideias e gerar ideias mais valiosas.
3. *Liberdade total*: dê asas à imaginação; nenhuma ideia é suficientemente esdrúxula para ser desprezada. Pode ser que ela sirva de ponte para ideias originais e inovadoras. Ideias que inicialmente parecem impraticáveis podem ser modificadas e tornadas viáveis e valiosas.
4. *Mudar e combinar*: em qualquer momento, é permitido que alguém apresente uma ideia que seja uma modificação ou combinação de ideias já apresentadas por outras pessoas do grupo. Contudo, as ideias originais devem ser mantidas.

5. *Igualdade de oportunidade*: assegure-se de que todos tenham a chance de apresentar suas ideias. A diversidade é importante, pois cada pessoa traz para a sessão seus conhecimentos, suas experiências e sua visão particular da situação examinada e das possíveis ações.

4. Como usar

O sucesso de uma sessão de Brainstorming depende, fundamentalmente, de que cada pessoa envolvida compreenda o processo, seu papel e responsabilidades. Este processo é formado pelos seguintes passos:

4.1. Identificação da necessidade do Brainstorming

O primeiro passo do processo de Brainstorming é assegurar que há uma necessidade específica de sua necessidade. É necessário que você tenha um assunto específico para tratar, e deve avaliar se o Brainstorming é a abordagem indicada. A sessão de Brainstorming deve ter um propósito definido bem como uma clara percepção dos benefícios gerados pelas ideias e soluções resultantes.

4.2. Seleção da equipe

O próximo passo é a decisão sobre quem vai participar da equipe que realizará a sessão de Brainstorming. O assunto e o propósito são os critérios mais importantes para esta seleção. As seguintes questões devem ser consideradas:

- ❖ Quem são os especialistas?
- ❖ Quem são as pessoas impactadas/interessadas?
- ❖ Quem são as pessoas criativas que podem contribuir?
- ❖ Quem tomará uma abordagem equilibrada e prática?
- ❖ Quem tem as informações relacionadas ao assunto?
- ❖ As pessoas certas estão disponíveis?
- ❖ Quais são as restrições de tempo?
- ❖ Quem será o facilitador?

Atenção especial deve ser dada à escolha do facilitador, responsável por importantes atividades antes, durante e depois da sessão de Brainstorming. Estas responsabilidades incluem:

- ❖ Assegurar que as regras do Brainstorming sejam seguidas.
- ❖ Manter as atividades dentro do escopo definido.
- ❖ Encorajar a efetiva participação de todos os membros da equipe.
- ❖ Preparar uma lista de perguntas orientadoras para enfrentar eventuais quedas na produção de ideias. Alguns exemplos: Podemos combinar estas ideias? Que tal olhar este problema sob outra perspectiva?
- ❖ Manter o fluxo de ideias e não permitir que a energia criativa decaia.
- ❖ Assegurar que todas as ideias sejam devidamente anotadas.

4.3. Preparação da sessão de Brainstorming

O segredo de uma boa sessão de Brainstorming está na sua preparação, tomando alguns cuidados básicos:

- ❖ Acertos sobre o propósito e o escopo da sessão.
- ❖ Acertos sobre a abordagem, papéis e responsabilidades.
- ❖ Acertos sobre o local, a data e a duração.
- ❖ Assegurar os recursos necessários, como logística, instalações e serviços de apoio.
- ❖ Através de um memorando, comunicar antecipadamente aos participantes o problema ou assunto a ser estudado, a data, a duração e o local da reunião.
- ❖ Solicitar aos participantes que pensem antecipadamente sobre o tema da sessão e coletem fatos, impressões, pesquisas, opiniões, etc.

Além dos acertos sobre propósitos, escopo, papéis, responsabilidades e tempo, é importante considerar as instalações e recursos necessários. É fundamental que a sessão de Brainstorming seja realizada num ambiente propício à criatividade (calmo, confortável e distante do ambiente de trabalho) e que todos os recursos requeridos estejam disponíveis no local e hora certos.

4.4. Geração de ideias

Dedique o tempo suficiente e necessário para esclarecer os propósitos da sessão de Brainstorming, os papéis de cada participante e as cinco regras que devem ser seguidas durante a fase de geração de ideias.

A clara definição do problema e, consequentemente, do propósito da sessão de Brainstorming, é um dos pontos mais importantes e, frequentemente, um dos mais negligenciados. Descreva o problema ou assunto para o qual estão procurando ideias e assegure que todos o tenham compreendido. Evite que o grupo tome caminhos errados e desperdice tempo tratando de temas fora do escopo da sessão. Uma boa medida é escrever a definição em uma folha de flipchart e colocá-la na parede.

Nesta etapa, as ideias são criadas e anotadas. Siga os seguintes passos:

1. Estabeleça o tempo máximo de duração da sessão de geração de ideias. Designe alguém para controlar o tempo.
2. Comunique o tópico a ser analisado na forma de uma pergunta. Assegure-se de que todos o entendam.
3. Conceda alguns minutos para que todos pensem sobre a pergunta e peça que apresentem suas ideias. Defina se as ideias serão solicitadas de forma estruturada ou não estruturada:
    - ❖ Estruturada: o facilitador define uma rotação de maneira que cada pessoa contribua com uma ideia em cada turno. Se a pessoa não tem uma ideia, passa a vez.
    - ❖ Não estruturada: as pessoas apresentam suas ideias à medida que vão surgindo. Este método requer que o facilitador monitore de perto o

processo para assegurar que as regras sejam seguidas e que todas as pessoas tenham a chance de participar.
4. Anote as ideias numa folha de *flipchart*, ou outro recurso equivalente, e disponha-as de forma que todos possam vê-las. Isto evita duplicidades, mal entendidos e ajuda a estimular o pensamento criativo no grupo.
    ❖ Anote as ideias exatamente como foram faladas. Não as interprete.
    ❖ Tente obter uma lista mais longa possível. Faça o Brainstorming até que todos os participantes tenham esgotado suas ideias ou que o tempo tenha expirado.
5. Planeje algumas paradas para que as pessoas possam descansar, tomar um café e conversar livremente com seus colegas de grupo.
6. Terminada o estágio de geração, esclareça o significado de todas as ideias apresentadas, para assegurar que todos tenham o mesmo entendimento. Aponte cada ideia e pergunte se alguém tem perguntas sobre seu significado. Você pode pedir ao autor da ideia que a explique melhor.
7. Elimine as duplicidades. Se duas ou mais ideias parecem ser a mesma coisa, você deve combiná-las ou eliminar as duplicatas. Para isto, é necessário obter a concordância de seus autores de que elas têm o mesmo significado. Se não concordarem, mantenha as ideias intactas e separadas.

4.5. Desenvolver e agrupar as ideias

Terminada a etapa inicial de geração de ideias, é o momento de revisá-las, desenvolvê-las e agrupá-las para facilitar a análise. Isto permite à equipe de Brainstorming identificar oportunidades de acrescentar novas ideias e de explorar novos caminhos de pensamento. O processo criativo não se limita à etapa de geração de ideias.

O agrupamento de ideias consiste em identificar alguns conceitos que são comuns a algumas ideias e criar categorias para reunir as ideias relacionadas a cada conceito. Para exemplificar, consideremos as ideias criadas para melhorar o projeto de um carro. Analisando as ideias, a equipe concluiu que os seguintes conceitos podem ser identificados nas dezenas de ideias geradas: Desempenho, Visual, Custo, Conveniências, Meio Ambiente e Segurança. O quadro a seguir mostra o agrupamento das ideias geradas:

Categorias	Ideias
Desempenho	Estacionamento automático, controles ativados por ondas neurais, modo anfíbio, modo helicóptero.
Visual	Mais opções de cores, pintura assinada por estilistas famosos.
Custo	Polímeros leves para redução de peso e consumo.
Conveniências	Interior auto-limpante, pintura auto-limpante, vidro fotocromático, compactador de lixo, cesto de lixo, eliminador automático de odores, portas automáticas.
Meio Ambiente	Carro totalmente reciclável, compactador de lixo.
Segurança	Luzes de neblina automáticas, *airbag* para proteger pedestres, inibidor de velocidade automático, trava acionada por impressão digital.

O agrupamento de ideias é um passo muito importante para o desenvolvimento e melhoria da qualidade das ideias geradas. O agrupamento facilita a análise das mesmas, a identificação de ideias similares e de ideias que podem ser combinadas. Permite ainda direcionar novos esforços de criação de ideias para categorias que foram pouco exploradas na etapa inicial ou que se mostram muito promissoras. Note que algumas ideias podem ser classificadas em mais de uma categoria. Use o Diagrama de Afinidades (Seção III - Desenvolvimento e Seleção de Ideias) para realizar o agrupamento de ideias de forma sistemática e ordenada.

Terminada esta etapa, você dispõe de uma longa lista de ideias. Procure classificá-las em quatro grupos considerando o estágio de desenvolvimento da ideia:

Prontas para usar	Ideias que podem ser implementadas rapidamente. Necessitam somente de alguns pequenos ajustes.
Conceitos promissores	Conceito utilizável, mas a ideia necessita de mudanças para ser usada. A ideia básica necessita de mais estudos e desenvolvimento antes de ser utilizada.
Conceitos interessantes	Um conceito genérico útil, mas não suficientemente desenvolvido para ser avaliado agora. Deve ser estudado depois para geração de ideia mais específica.
Muito verdes	Ideias sem condições de serem usadas neste momento. Talvez algum dia, mas não tão cedo.

4.6. Priorizar e selecionar

Tendo agrupado e classificado as ideias, é importante reduzir o número de ideias com que irá trabalhar, de tal modo que os recursos limitados sejam canalizados para as mais valiosas e viáveis. O benefício potencial de cada ideia considerada útil e viável variará, dependendo do assunto que está sendo discutido. É importante que sejam estabelecidos critérios consistentes para a atividade de priorização e seleção.

Há vários fatores que podem ser adotados na priorização de ideias, variando do simples uso do bom senso e conhecimento coletivo do grupo, até o uso de análises baseadas em critérios objetivos, qualitativos e quantitativos. Alguns critérios objetivos que podem ser usados:

- ❖ Custo para desenvolver e testar
- ❖ Valor percebido pelos clientes
- ❖ Disponibilidade de pessoal qualificado
- ❖ Tempo requerido para produzir
- ❖ Nível de risco técnico
- ❖ Disponibilidade de equipamentos

A Matriz Decisória (Seção III – Desenvolvimento e Seleção de Ideias) fornece um método estruturado para a priorização e seleção de ideias.

Terminada a aplicação dos critérios de priorização, é recomendável fazer uma reflexão e avaliar se as conclusões fazem sentido para você e se são consistentes com o propósito do processo criativo. O que diz sua intuição?

Para finalizar, mostre à equipe de Brainstorming como suas contribuições foram valiosas e mantenha-a informada sobre as ações seguintes de implementação das ideias e dos resultados obtidos.

5. Variações do Brainstorming tradicional

O Brainstorming tradicional é uma técnica consagrada e amplamente usada para geração de ideias e soluções. Contudo, o método tradicional pode apresentar algumas falhas e não funcionar a contento em algumas situações. Algumas variações têm sido usadas para contornar essas dificuldades.

5.1. Brainstorming avançado

Pressupõe-se que o Brainstorming tradicional leva as pessoas a se libertarem de suas inibições naturais e produzirem uma grande quantidade de ideias originais, mas às vezes isto não acontece. Este problema pode ter as seguintes causas, entre outras:

- ❖ As pessoas vêm de uma mesma cultura organizacional e são todas condicionadas pelos mesmos paradigmas, crenças e preconceitos.
- ❖ Muitas pessoas não acreditam que possam ser criativas.
- ❖ Os participantes não conhecem as técnicas de criatividade.
- ❖ São prisioneiros de suas especialidades (rigidez funcional).
- ❖ São dominados pela crença de uma única resposta certa.
- ❖ São dominados pelo medo de errar e parecerem ridículos.
- ❖ Não se sentem à vontade para lidar com incertezas e ambiguidades.

Nestes casos, as pessoas precisam de uma orientação para escaparem das soluções óbvias e trilharem novos caminhos. O Brainstorming avançado é um processo que combina o Brainstorming tradicional com outras técnicas de criatividade que ajudam a equipe a superar suas inibições e a aumentar o número e a diversidade de novas ideias. Entre as várias técnicas de criatividade que podem ser associadas ao Brainstorming podemos citar: Mapa Mental, SCAMPER, Análise de Atributos, Questionamento de Suposições, Leque Conceitual, Nove Janelas e Pensamento Inventivo Sistematizado.

5.2. Brainwriting

As ideias são anotadas em tiras de papel e passadas ao facilitador que as anota numa folha de *flipchart*, sem identificar os autores. Pode-se também usar *post-its* que são colocados na parede ou quadro.

Esta variação pode também usar os recursos eletrônicos como o *email* e o *wiki*. O facilitador envia por email ou disponibiliza a pergunta em uma página na *web* criada para esta finalidade. As pessoas enviam ao facilitador as suas ideias por *email* ou as escrevem na página do *wiki*. O facilitador compila as ideias e as envia de volta ao grupo para posterior avaliação e desenvolvimento. As ferramentas eletrônicas permitem a utilização de grupos muito grandes, o que seria impraticável no método tradicional.

5.3. Brainwriting 6-3-5

O nome desta variante vem do processo de ter 6 pessoas escrevendo 3 ideias em 5 minutos. Cada pessoa tem uma ficha 6-3-5, como mostrado a seguir:

Descrição do problema: Como..?		
Nº	Ideia 1	Ideia 2	Ideia 3
1			
2			
3			
4			
5			
6			

Cada pessoa escreve a descrição do problema no topo da ficha. Em seguida, escreve três ideias na linha de cima (linha número 1) em 5 minutos, numa sentença concisa e completa. Ao final dos 5 minutos, ou quando todos tiveram completado a primeira rodada, passa sua ficha para a pessoa à sua direita. Em seguida, adiciona três novas ideias na linha 2 da ficha que acabou de receber da pessoa ao lado. O processo continua até que as seis linhas da ficha sejam preenchidas. Ao final, haverá um total de 108 ideias nas seis fichas.

5.4. Brainstorming individual

Algumas pessoas pensam melhor quando trabalham sozinhas. Neste caso, elas podem usar as regras do Brainstorming para apoiar a geração de ideias.

5.5. Brainstorming híbrido

Este tipo de Brainstorming combina a criação individual com a criação coletiva. Para iniciar, a equipe é reunida e apresentada ao problema ou tema para a qual deverá apresentar ideias ou soluções.

Cada pessoa recebe a incumbência de apresentar certo número de ideias num prazo determinado. Terminado o prazo, o grupo se reúne para a apresentação das ideias. Estas ideias são analisadas para serem desenvolvidas, combinadas, classificadas e aprimoradas. Novas ideias podem surgir a partir das ideias originais. Esta variação permite também a utilização de recursos da internet, como o *email*.

5.6. Brainstorming e a tecnologia da informação

Vários recursos tecnológicos, como *notebooks, tablets e smartphones* podem ser empregados para facilitar a interação entre pessoas distantes ou para registrar e analisar as ideias geradas. Contudo devemos sempre ter em mente que a tecnologia não elimina a necessidade de uma boa liderança e que, por melhor que seja, a tecnologia não pode tornar boa uma sessão mal planejada.

O Método Delphi

1. O que é

O Método Delphi é uma técnica de trabalho em grupo usada para obter a opinião de pessoas selecionadas sobre o determinado assunto, mediante uma série de consultas (rodadas). A partir da segunda rodada, cada participante recebe *feedback* sobre os resultados da rodada anterior. Assim, após a primeira rodada os participantes sofrem a influência das opiniões de seus colegas. O processo é conduzido por um coordenador que centraliza as comunicações de modo a manter o anonimato entre os participantes e também evitar ruídos causados por materiais irrelevantes ou redundantes oferecidos por alguns participantes. O objetivo é, progressivamente, esclarecer e expandir as opiniões sobre um tema, identificar pontos de concordância ou discordância e estabelecer prioridades.

2. Quando usar

Esta técnica é útil quando se necessita das opiniões e julgamentos de um grupo de pessoas selecionadas e o tempo, a dispersão geográfica, os custos e outros fatores tornam impraticável reuni-los num mesmo local. Pode também ser usada quando se deseja manter os participantes isolados para manter a privacidade e o anonimato, ou evitar constrangimentos e influência indevida de indivíduos dominadores. Outro objetivo é reduzir as pressões para forçar a conformidade, comportamento muito comum em alguns grupos.

O Método Delphi pode ser usado com grupos pequenos ou com grupos formados por centenas de pessoas.

Esta técnica tem sido aplicada com variados objetivos, como:

- ❖ Obter e avaliar ideias para solução de problemas complexos.

- Avaliar possíveis planos de ação e estabelecer prioridades.
- Definir prós e contras de uma lista de políticas ou ações alternativas.
- Obter opiniões de especialistas sobre assuntos diversos como previsões sobre tendências sociais, políticas, econômicas, tecnológicas, etc.

No presente caso, apresentaremos uma adaptação do Método Delphi para obtenção e avaliação de ideias para a solução criativa de problemas complexos.

3. Como usar

O Método Delphi usa uma abordagem altamente estruturada e focada de modo a obter uma diversificada e grande quantidade de opiniões de participantes que estão dispersos em vários locais. Neste processo de interação remota, podem ser usados os diversos recursos da tecnologia da informação como a intranet e a internet.

O Método Delphi, por definição, é um processo de exploração de um tema específico envolvendo a interação entre o coordenador e um grupo de especialistas e interessados no tema, usualmente mediante uso de uma série de questionários.

Os passos básicos para aplicação do método são descritos a seguir. A sequência de passos pode ser alterada para atender as necessidades específicas de cada situação. Algumas situações podem requerer a repetição da alguns passos de modo a aprofundar alguns tópicos ou esclarecer pontos específicos.

1. Defina o problema: identifique o problema em que deseja trabalhar, descrevendo-o de forma clara de modo a facilitar sua compreensão. Isto pode ser feito de várias formas, desde um questionário até uma pergunta ampla e aberta. É muito importante assegurar o perfeito entendimento do propósito do exercício Delphi por todos os participantes. De outro modo, os participantes poderão responder inadequadamente ou ficarem frustrados e desmotivados.

O desafio deve ser colocado de uma forma vigorosa que estimule o grupo a fugir das respostas óbvias e a explorar soluções originais.

Pode-se trabalhar num único problema ou em vários problemas ao mesmo tempo. As limitações dependem da amplitude dos conhecimentos e experiência dos participantes.

2. Defina os critérios de avaliação: é importante que sejam estabelecidos critérios consistentes para a avaliação das ideias apresentadas pelo grupo. Há vários fatores que podem ser adotados na priorização de ideias, variando do simples uso do bom senso e do conhecimento coletivo do grupo, até o uso de análises baseadas em critérios objetivos, qualitativos e quantitativos. Alguns critérios objetivos que podem ser usados:

- Praticabilidade: o que é técnica e funcionalmente possível de imediato ou num futuro próximo.
- Viabilidade: o que pode se tornar economicamente sustentável.
- Aceitabilidade: o que é considerado útil e necessário e faz sentido para as pessoas.

Consulte Critérios para Avaliação de Soluções Criativas (Seção III – Desenvolvimento e Seleção de Ideias), que oferece orientações sobre a seleção de critérios.

Escolha os critérios a serem utilizados e monte uma planilha de avaliação estabelecendo uma escala de pontuação e o significado de cada valor numérico. Exemplos:

Pontos	Exemplos de descrição dos níveis de pontuação		
1	Muito insatisfatório	Fraco	Discordo totalmente
2	Insatisfatório	Insuficiente	Discordo
3	Satisfatório	Bom	Concordo
4	Muito insatisfatório	Ótimo	Concordo totalmente

3. Selecione os participantes: recrute as pessoas que participarão no grupo Delphi. Isto inclui qualquer um que possa contribuir com ideias para o tema abordado, especialistas no assunto ou não. Explique claramente a finalidade do projeto, o funcionamento de um grupo Delphi e suas diversas etapas, o significado do problema que será estudado, as contribuições esperadas por parte do grupo e os critérios adotados para avaliação das ideias apresentadas. Assegure-se de que todas as dúvidas sejam esclarecidas.

4. Primeira rodada: envie o problema para o grupo e peça que apresentem suas contribuições sob a forma de ideias para resolvê-lo. Compile as ideias e organize-as para facilitar a análise e considere a opção de agrupá-las. O agrupamento de ideias consiste em identificar alguns conceitos que são comuns a algumas ideias e criar categorias para reunir as ideias relacionadas a cada conceito. Isto permitirá ao grupo identificar oportunidades de acrescentar novas ideias e explorar novos caminhos de pensamento.

Deve-se tomar todo cuidado no agrupamento das ideias, evitando-se a imposição de preconceitos e influências indevidas por parte do coordenador.

5. Segunda rodada: submeta a lista de ideias recebidas na primeira rodada à nova análise do grupo, informando que podem acrescentar novas ideias e, principalmente, desenvolver algumas ideias genéricas em ideias mais concretas e específicas. Considere a opção de assinalar ou não as ideias genéricas que precisam ser detalhadas. A lista enviada não pode identificar os autores das ideias recebidas.

Compile as novas contribuições, analise e reagrupe as ideias conforme procedimento adotado na primeira rodada.

6. Terceira rodada: prepare o questionário para avaliação e classificação das ideias usando os critérios de avaliação escolhidos. Envie o questionário aos participantes e solicite que realizem a pontuação de cada ideia, conforme a escala adotada. Organize as avaliações recebidas e elabore uma planilha consolidando as pontuações de cada ideia, como ilustrado no quadro a seguir, em que o coordenador apresenta a média das pontuações em cada critério adotado (P=Praticabilidade, V=Viabilidade, A=Aceitabilidade).

Ideias apresentadas	P	V	A
Ideia X	3,7	2,3	3,9
Ideia Y	2,1	2,7	1,8
Ideia Z	3,8	3,5	2,6

7. Quarta rodada: envie a planilha de consolidação das pontuações solicitando que analisem as pontuações e confirmem ou alterem suas avaliações anteriores. Aqueles que fizerem alterações muito radicais deverão esclarecer as razões da mudança de pontuação. As alterações podem ser assinaladas em cópia do questionário de avaliação original. Neste caso, a nova pontuação deverá vir entre parênteses, conforme mostrado a seguir:

Ideias apresentadas	P	V	A
Ideia X	2	4 (2)	3
Ideia Y	1 (2)	3	2 (3)
Ideia Z	3	3	4

Consolide as alterações e divulgue o resultado final do consenso do grupo.

4. Pontos fortes do Método Delphi

Esta técnica é vantajosa quando outros métodos não se mostram adequados para se obter contribuições de um grande grupo de pessoas. É particularmente útil quando:

1. A necessidade de um grande número de participantes torna a interação direta impraticável ou ineficaz.
2. A duração e os custos tornam impraticável a realização de reuniões.
3. O problema não requer o uso de técnicas analíticas precisas e pode se beneficiar de julgamentos coletivos subjetivos.
4. A heterogeneidade de pontos de vista dos participantes deve ser preservada para assegurar a validade dos resultados.
5. A severidade de divergências entre participantes ou a existência de falhas graves nas comunicações entre indivíduos recomendam a preservação do anonimato.

5. Limitações do Método Delphi

Este método tem suas limitações. O consenso atingido pode não ser um consenso verdadeiro devido a falhas na condução do processo. As razões mais comuns para os fracassos do método:

1. Suposição de que o Método Delphi pode ser o substituto para todos os processos de comunicação humana numa dada situação.
2. Imposição dos pontos de vista e preconceitos do coordenador. Isto pode acontecer pela formulação tendenciosa das perguntas ou por manipulações na compilação das respostas.
3. Má formulação das perguntas submetidas aos participantes.
4. Má escolha dos critérios de avaliação e classificação das respostas.

5. Técnicas medíocres para compilação, agrupamento e apresentação das respostas do grupo.

Questionamento de Suposições

1. O que é

Processo de questionar a validade de regras, procedimentos, situações, informações ou comportamentos assumidos como verdadeiros e incontestáveis. Nós estamos cercados de suposições a respeito de porque certas coisas existem e de como funcionam. Acostumamo-nos a aceitar e a não questionar estas suposições. Na verdade, temos grande dificuldade de enxergar e reconhecer estas suposições. Com muita frequência, estas suposições são invocadas como razões e justificativas para que as coisas sejam mantidas como estão, imutáveis.

Os paradigmas que dominaram a indústria automotiva americana nos anos 70 do século passado são um exemplo clássico de suposições errôneas que levaram a General Motors e outras a perderem mercado para as montadoras japonesas:

1. A GM está no negócio de fazer dinheiro, não carros.
2. O êxito não vem de liderança tecnológica, mas da posse de recursos para adotar rapidamente as inovações introduzidas com êxito por outros.
3. O carro é, antes de tudo, um símbolo de status. Portanto, o estilo é mais importante do que a qualidade para os compradores que, afinal, vão trocar de carro de dois em dois anos.
4. O mercado automobilístico americano está isolado do resto do mundo. Os concorrentes estrangeiros jamais conquistarão mais de 15% de nosso mercado interno.
5. A energia será sempre barata e abundante.
6. Os trabalhadores não terão grande impacto sobre a produtividade ou a qualidade do produto.
7. A mudança de preferência dos consumidores não representa a preocupação de parte significativa do público americano.

8. O governo é um inimigo. Devemos lutar contra ele com unhas e dentes a cada centímetro do caminho.
9. Controles rígidos e centralizados são o segredo da boa administração.
10. Os gerentes devem ser desenvolvidos internamente.

Citado por Ralph H. Kilman em *Gerenciando sem recorrer a soluções paliativas*, Qualitymark Editora.

2. Quando usar

O Questionamento de Suposições pode ser usado em muitas situações. É especialmente eficaz quando nos sentimos paralisados por paradigmas de pensamento ou vazios de ideias. É também muito bom para revitalizar uma reunião improdutiva.

3. Estilo

Abordagem lógica, de curta duração; pode ser usada tanto individualmente ou como base para uma sessão de *Brainstorming*.

4. Como usar

4.1. Liste as suposições

Examine a situação estudada com uma mente aberta. Quais são as suposições que nós fizemos a respeito deste assunto (negócio, produto, mercado, etc.)? O que nos parece tão óbvio que normalmente não pensaríamos em questioná-lo?

Se não conseguir encontrar as suposições é por que você está assumindo que elas não existem; esta é a primeira suposição a ser rompida.

Algumas suposições típicas:

- ❖ Que é impossível fazer certas coisas, particularmente dentro de determinados limites de tempo e custo.

- Que os clientes preferem (ou não gostam) de certas cores, sabores, formas, dimensões, modelos, locais, horários, etc.
- Que alguma coisa funciona por causa de certas regras ou condições.
- Que as pessoas acreditam, pensam ou necessitam de certas coisas.

Lembre-se que toda situação, atividade, processo de trabalho, produto ou serviço se baseia em algumas suposições. Por exemplo, a empresa pode ter assumido que as entregas requerem um mínimo de três dias e que isto não é um problema para os clientes. Isto é verdade?

Em outro caso, a decisão de centralizar as operações de uma empresa pode ter sido baseada na suposição de que elas se tornariam mais ágeis, mais econômicas, mais eficazes e resultando em clientes mais satisfeitos. Estes desejos foram concretizados?

4.2. Desafie as suposições

Altere sua base de suposições, Assuma que todas podem ser desafiadas e superadas. Faça perguntas que coloquem em dúvida ou que desafiem as suposições. Por exemplo:

Pergunte: Como seria se isto não fosse verdade? Se fosse diferente?
Pergunte: E se fizéssemos isto na metade do tempo?
Pergunte: E se invertêssemos a ordem?
Pergunte: E se fizéssemos isto em outro local? Em outra cidade? Em outro país?

Certamente, neste processo você encontrará novas suposições; responda estas suposições com novos desafios.

4.3. Encontre meios de tornar realidade os desafios

Pode ser fácil imaginar desafios numa sessão de criatividade, o desafio real é fazê-los acontecer. Use o mesmo princípio para superar os obstáculos, que são geralmente criados por suposições, hábitos e paradigmas. Você terá de questionar e desafiar:

- ❖ Conceitos e teorias que moldam nossa maneira de pensar.
- ❖ Suposições e crenças que não são questionadas.
- ❖ Compromissos que você supõe que devam acontecer.
- ❖ Limitações: fronteiras e limites que ainda não foram cruzados.
- ❖ Operações e processos por meio dos quais certas coisas são feitas.
- ❖ Impossíveis: coisas que supostamente não podem acontecer ou serem feitas.
- ❖ Essenciais: coisas que supostamente são indispensáveis.
- ❖ Modelos e padrões de organização, comportamento, aparência, etc.
- ❖ Funções: o modo como as coisas funcionam.
- ❖ Paradigmas: ideias dominantes que guiam ou restringem o pensamento.
- ❖ Tendências polarizadoras que empurram as pessoas para os extremos.
- ❖ Vacas sagradas: coisas que não podem ser tocadas.

AS VACAS SAGRADAS DÃO OS MELHORES BIFES

Grafite em um muro em Paris, maio de 1968.

Desafio e Provocação

O Desafio Criativo e a Provocação são duas técnicas que têm o propósito de estimular nossa mente a escapar dos modelos de pensamento estabelecidos e se abrir a novas possibilidades em todas as direções de pensamento.

O Desafio Criativo

O Desafio Criativo tem a finalidade de criar uma *insatisfação criativa* com relação a situação atual. Não importa que isto seja excelente ou funcione, é a única maneira de fazê-lo? Por que tem de ser feito desta maneira? Existem outras maneiras de fazê-lo?

O desafio criativo assume duas atitudes questionadoras:

- ❖ Há sempre uma maneira melhor de fazer as coisas.
- ❖ Uma coisa é feita de certa maneira por razões que existiam antes e que podem ou não ainda existir.

É importante que o desafio criativo não seja encarado como uma crítica, pois limitaria seriamente a criatividade pela atitude de defesa que a crítica gera. Ele não é um julgamento do desempenho atual, mas uma exploração de novas possibilidades, que poderão ou não se mostrarem melhores que os métodos atuais. O perigo de ser visto como uma crítica pode ser evitado pela colocação do desafio sob a forma de um objetivo específico e ambicioso - *O que poderíamos fazer para reduzir o tempo de atendimento aos clientes de 8 para 2 dias?* De que maneira diferente temos que olhar para este processo? Quais são os conceitos dominantes, suposições, regras e limites que estão restringindo a nossa imaginação? São realmente necessários, imutáveis ou indispensáveis?

Provocação

Com a provocação formulamos declarações para fazer com que a nossa mente reaja e se ponha em movimento. Uma provocação pode ser uma declaração razoável, mas também pode ser algo que pareça ser, ou realmente seja, impossível, contraditório, ilógico ou estúpido. Esta técnica tem o objetivo de questionar os métodos dados como certos e perturbar os procedimentos consagrados, tidos como imutáveis.

Assim que fazemos a provocação, nosso julgamento é suspenso e a provocação é usada para gerar ideias. Provocações fornecem pontos de partida originais para o pensamento criativo

Imagine por exemplo a seguinte provocação: "As casas não devem ter paredes". Normalmente, está não é uma boa ideia. Contudo ela nos leva a pensar em casas com tipos de paredes diferentes do convencional, como por exemplo:

- Paredes móveis que permitem abrir a sala e outros cômodos para o jardim no verão.
- Paredes móveis que permitem integrar vários cômodos para realização de uma festa.
- Paredes de vidro que permitem a visão de dentro para fora sem devassar seu interior.

A provocação pode atingir o objeto ou a tarefa em si, a sua existência, a sua sequência, a sua posição no fluxo geral, o seu momento, a sua duração e sua execução. As provocações podem assumir diversas formas:

Exclusão: é efetuada negando o objeto ou a tarefa, cancelando-a, deixando-a de lado ou simplesmente prosseguindo sem ela.

Inversão: o fluxo normal é revertido e as ações passam a ser executadas no sentido contrário.

Exagero: as medidas ou dimensões normais (número, tamanho, peso, frequência) são exageradas para cima ou para baixo (excetuando-se o zero).

Distorção: a relação normal entre as partes envolvidas ou a sequência normal dos eventos é alterada de forma arbitrária, para criar uma distorção da situação.

Fantasia: a expressão de um desejo fantasioso que você sabe que não é possível - *Não seria ótimo entregar as pizzas antes dos clientes as pedirem?*

Feita a provocação, use a lista de verificação a seguir para examinar todos os seus aspectos:

- ❖ As consequências da provocação.
- ❖ Que benefícios que ela pode trazer.
- ❖ Que circunstâncias especiais podem torná-la uma solução razoável.
- ❖ Os princípios necessários para torná-la operacional.
- ❖ Como funcionará momento a momento.
- ❖ O que acontecerá se a sequência dos eventos for alterada.
- ❖ Etc.

Analogia e Metáfora

1. O que é

Seja ensinando alguém algo novo, ou tentando aprender algo ou resolvendo um problema, uma das melhores maneiras de fazer isto é comparar o que não é familiar, desconhecido, ou problemático com algo que nos seja familiar ou compreensível. Este é o método da analogia: usar uma coisa ou processo que se parece de alguma forma similar com o assunto ou problema a ser esclarecido ou resolvido.

Analogia: Relação ou ponto de semelhança, criado mentalmente, entre coisas ou seres diferentes.

Metáfora: Figura de linguagem que consiste em estabelecer uma analogia de significados entre duas palavras ou expressões, empregando uma pela outra. Exemplos: ele deu *asas* à imaginação; astuto como uma *raposa*; a necessidade é a *mãe* da invenção.

No pensamento criativo, as analogias e metáforas são usadas por suas qualidades sugestivas, para ver que ideias podem revelar, e especialmente para ajudar no exame do problema. Pela procura de diversos pontos de semelhança entre a analogia e o problema, novos aspectos do problema podem ser revelados e novas abordagens podem surgir. Na solução de problemas, as analogias e metáforas podem ser usadas para romper com visões estereotipadas ou óbvias.

A ideia é comparar uma situação com algo que, na superfície, pode parecer ter pouco em comum, mas permite examinar um problema em um contexto completamente diferente, porém análogo. O estudo das similaridades e diferenças de circunstâncias análogas nos ajuda a sermos mais objetivos e a entender melhor um problema.

Um exemplo de uso desta técnica é a comparação de uma organização empresarial com uma família, com um time de futebol, com um formigueiro, com uma colméia de abelhas ou qualquer outro tipo de comunidade ou sistema organizado. Estas comparações podem incluir os seguintes tópicos, entre outros:

- A estrutura organizacional.
- As diversas habilidades e conhecimentos dos membros destas organizações.
- Como estas habilidades e conhecimentos são combinados e harmonizados.
- Liderança, autoridade e tomada de decisão.
- As demandas e características das lideranças.
- Padrões de comunicação, relacionamentos, coordenação e apoio.

2. Quando usar

Esta técnica deve ser usada quando sentimos dificuldades de olhar um desafio sob novas perspectivas e não conseguimos ir além das ideias óbvias. O uso de analogias e metáforas possibilita olhar o problema sob uma perspectiva totalmente diferente e pode nos ajudar a entender as situações problemáticas que normalmente não entendemos através da lente das situações reais.

3. Como escolher uma boa analogia

Quanto mais estranha a analogia, ou seja, quanto maior a distância entre a fonte de analogia e o problema ou desafio, maior a probabilidade de gerar ideias incomuns. No entanto, os seguintes pontos devem ser observados na escolha de uma analogia:

Similaridade: a fonte de analogia e o problema ou processo estudado devem compartilhar algumas propriedades comuns. No exemplo mencionado antes, uma organização empresarial tem em comum com as fontes de analogia consideradas as seguintes propriedades, entre outras: uma estrutura organizacional, liderança, membros, padrões de comunicação, etc.

Estrutura: cada elemento da fonte de analogia deve corresponder a um elemento da situação analisada, e deve haver uma correspondência geral na estrutura.

Propósito: a criação de analogias deve ser orientada pelos objetivos do solucionador de problemas. No exemplo citado, a escolha de uma analogia para uma organização empresarial depende da natureza do problema a ser resolvido como liderança fraca, falta de planejamento, fraco espírito de equipe, comunicações deficientes, má qualidade, baixa produtividade, etc. Se a analogia escolhida se mostrar inadequada e não levar a abordagens inovadoras, tente outra.

4. Como usar

O processo básico para o uso da técnica de analogias e metáforas:

a. Defina o desafio ou problema a ser solucionado.
b. Escolha a fonte de analogias seguindo as orientações recomendações do item 3 acima.
c. Escolha as propriedades da fonte de analogias relacionadas com o desafio ou problema.
d. Procure por similaridades e conexões entre a fonte de analogias e o desafio ou problema. Não procure tornar esta etapa muito árdua, deixe sua mente explorar livremente as conexões e as ideias surgirem naturalmente.

5. Biomimética – A natureza como fonte de analogias

Biomimética (imitação da vida) é o ramo da ciência dedicado a entender os princípios usados pela natureza e usá-los como estímulos para inovações. As inovações da natureza, que têm sido desenvolvidas a aperfeiçoadas continuamente por milhões de anos, fornecem um estoque inesgotável de ideias e soluções engenhosas. Além das contribuições às inovações tecnológicas, estas ideias têm contribuído também para a causa de proteção ambiental.

Muitos dos conceitos inovadores que os engenheiros e cientistas estão adotando da natureza correspondem ao princípio da sustentabilidade. A natureza sempre alcança seus objetivos com economia, com o mínimo de energia, conserva seus recursos e recicla completamente seus resíduos. Pesquisadores de diversas áreas estão estudando as soluções encontradas pela natureza e procurando adaptá-las na solução de seus problemas e na inovação de seus produtos.

Dois exemplos clássicos de inovações baseadas nas lições da natureza são as invenções do velcro e da máquina de descaroçar algodão.

O Velcro foi criado George de Mestral (1907-1990), inventor suíço. Num dia de verão de 1948, Mestral fez um passeio pelo campo com seu cão. Os dois retornaram para casa cobertos de carrapicho, uma semente de arbustos que se prende no pêlo de animais e na roupa. Curioso, Mestral examinou ao microscópio as sementes presas à sua calça para ver como elas se prendiam tão firmemente ao tecido. Ele viu que pequenos ganchos da semente se entrelaçavam com pequenos laços no tecido.

Desta observação Mestral teve a ideia de desenvolver um prendedor formado de duas partes: uma superfície com pequenos ganchos rígidos, como o carrapicho, e outra com pequenos laços flexíveis, como o tecido de sua calça. Assim nasceu o Velcro, para competir com o zipper. Com o tempo, esta invenção foi aperfeiçoada, suas aplicações diversificadas e, hoje, a Velcro Industries fatura milhões de dólares por ano.

O que Mestral fez foi identificar o princípio em que se baseia o carrapicho para espalhar suas sementes: *pequenos ganchos firmemente entrelaçados com pequenos laços*. Em seguida procurou reproduzir este princípio, inventando o Velcro.

A invenção da descaroçadora de algodão por Eli Whitney (1765-1825) revolucionou a indústria de algodão. A descaroçadora de Whitney é uma máquina que automatiza a separação da semente e da fibra de algodão, resultando numa extraordinária redução de custo. Até a invenção de Whitney, a separação das sementes era manual, requerendo o uso intensivo de mão de obra. Whitney teve a ideia de sua máquina vendo um gato retirar penas de dentro de uma gaiola com sua pata.

Whitney também usou o mesmo método. Na ação do gato, ele identificou um princípio: *pequenas garras para prender e retirar um objeto*. Usou sua engenhosidade para reproduzir este princípio na retirada de sementes de algodão.

Outras interessantes pesquisas realizadas para estudar as soluções da Mãe Natureza e adaptar seus princípios na melhoria de produtos e métodos:

- ❖ O nariz dos golfinhos é o modelo para uma protuberância em forma de pera na proa do navio, que possibilita cruzar os oceanos com menor resistência da água e redução do consumo de combustível.
- ❖ Os engenheiros do Airbus copiaram a áspera pele do tubarão para desenvolverem uma lamina que cobre a asa do avião, resultando uma redução superior a seis por cento na fricção e considerável economia de combustível.
- ❖ Superfícies auto-limpantes baseadas nas folhas do lótus.

O Leque Conceitual

1. O que é

O Leque Conceitual, criado por Edward De Bono, é uma forma estruturada de busca de ideias alternativas através de abordagens ou rotas fornecidas por conceitos. Estabelecido o desafio, que pode ser um objetivo de inovação ou melhoria, procuramos responder à pergunta: *Como chegaremos lá?* O caminho é procurado através do processo em cascata: a partir do desafio, primeiro procuramos as diretrizes, depois os conceitos e finalmente as ideias. Esta sequência é representada no diagrama a seguir.

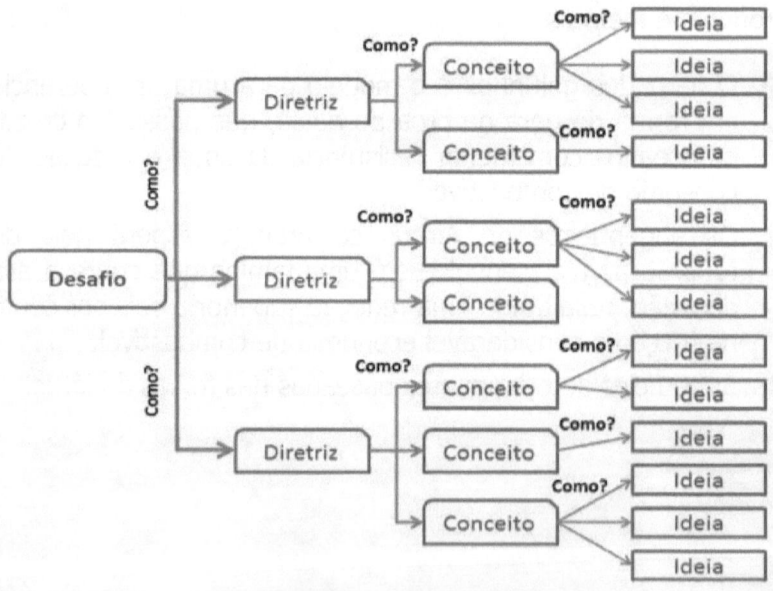

Diagrama Leque Conceitual

Desafio: É o objetivo de inovação ou melhoria desejado, ambicioso e desafiador em relação a situação atual. Exemplo:

Reduzir o tempo de atualização dos manuais técnicos de trinta para cinco dias.

Diretrizes: São conceitos muito amplos que definem as direções gerais a serem exploradas. São as respostas mais amplas à pergunta *como?* Exemplo: *Simplificação da sequência principal.*

Conceitos: São métodos ou maneiras gerais de fazer algo. São as respostas ainda genéricas às perguntas *como?* formuladas a partir das *diretrizes*. Exemplo:

Pergunta: *Como simplificar a sequência principal?*

Resposta 1 (conceito): *Eliminação de duplicidades.*

Resposta 2 (conceito): *Eliminação de retrabalhos.*

Ideias: Maneiras concretas ou específicas de se colocar um conceito em funcionamento. As ideias são as respostas práticas, que podem ser colocadas diretamente em ação. Exemplo:

Pergunta: *Como eliminar retrabalhos?*

Resposta 1: *Treinar os responsáveis pela revisão do manual nas técnicas de redação e diagramação.*

Reposta 2: *Manter atualizado o banco de dados sobre legislação e normas técnicas aplicáveis.*

2. Quando usar

Quando se deseja escapar de soluções óbvias e encontrar abordagens diferentes para explorar uma oportunidade de inovação ou resolver um problema.

3. Como usar

3.1. A construção do Leque Conceitual

O Diagrama Leque Conceitual é uma maneira ordenada de representar a geração de novas ideias a partir do desafio. O seu desenvolvimento é feito procurando-se as respostas à pergunta *como*? de forma progressiva, passando por três estágios: diretrizes, conceitos e ideias. As diretrizes e os conceitos servem como uma espécie de ponte para as ideias inovadoras. As diretrizes e os conceitos podem ser determinados pelo exame crítico da situação atual e dos obstáculos que bloqueiam a realização do desafio.

Se desejar, use o Mapa Mental para construir o Leque Conceitual. Neste caso, coloque o seu desafio no centro da página e siga os passos descritos a seguir:

Passo 1: Escreva o seu desafio, que pode ser uma oportunidade de inovação ou um problema.

Passo 2: Repita várias vezes a pergunta *como* e anote no gráficos as respostas, que são as diretrizes que fornecem as grandes direções a serem seguidas.

Passo 3: Repita a pergunta *como* várias vezes para cada uma das diretrizes e anote no gráfico as respostas, que são os conceitos que fornecem os caminhos a serem seguidos.

Passo 4: Repita a pergunta *como* várias vezes para cada uma dos conceitos e anote no gráfico as respostas, que são as ideias para a solução do desafio.

Passo 5: Finalmente, trabalhe no desenvolvimento e na seleção das ideias mais promissoras.

Porque se preocupar em desenvolver diretrizes e conceitos? Porque não partir direto para a geração das ideias? A inovação é, primordialmente, uma fuga dos conceitos dominantes que agem como uma espécie de filtro das ideias e informações, desconsiderando aquelas que são irrelevantes ou absurdas sob a ótica dos paradigmas vigentes. Assim, quando analisamos o desafio somente podemos encontrar as ideias que já temos. Os novos conceitos trazem à tona novas perspectivas e ideias que, de outra forma, não seriam consideradas relevantes.

Em alguns casos, a inovação ou a melhoria podem incluir também o desenvolvimento de novas ideias a partir de alguns dos conceitos vigentes, mas que foram colocados em prática através de ideias fracas ou que se tornaram obsoletas. Os conceitos criam uma agenda de trabalho, um foco para direcionar o esforço criativo. A aceitação de um conceito coloca as pessoas do mesmo lado da questão, facilitando a geração e aceitação de ideias inovadoras.

3.2. Seguindo o caminho inverso

Idealmente, o Leque Conceitual é desenvolvido na seguinte sequência:

Desafio → Diretrizes → Conceitos → Ideias

Contudo, sabemos que nosso cérebro não gosta de se comportar de maneira tão disciplinada. Com muita frequência, o cérebro salta direto do desafio para as ideias. Nestes casos, após registrá-las e, mesmo parecendo impraticáveis, deve-se investigar quais os conceitos e diretrizes estão atrás das mesmas. As diretrizes e conceitos encontrados poderão ser usados como pontes para gerar novas ideias, ampliando o leque de alternativas, como ilustrado na figura a seguir.

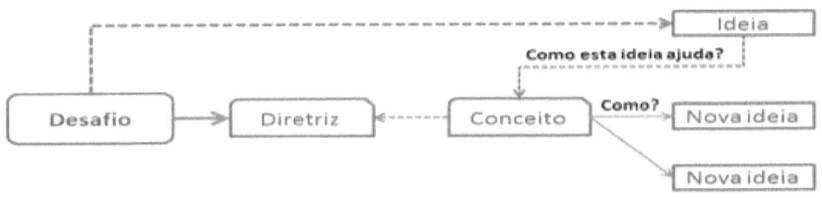

1. Para encontrar o conceito a partir da ideia pergunte *Como esta ideia ajuda?*
2. Para encontrar a diretriz a partir do conceito encontrado pergunte *Como este conceito ajuda?*

Tomemos como exemplo a construção de um Leque Conceitual para obter ideias para reduzir o congestionamento de tráfego em grandes cidades. Uma ideia que surge imediatamente é "Transporte solidário". Para obter o conceito associado pergunte: Como esta ideia ajudaria a reduzir o congestionamento de tráfego? A resposta seria: Aumentando a densidade de pessoas por veículo. Este é o conceito que nasce da ideia original. Para obter a diretriz associada a este conceito pergunte: Como este conceito ajudaria? A resposta poderia ser: Reduzindo o número de veículos. A diretriz (Reduzir o número de veículos) e o conceito (Aumentar a densidade de pessoas por veículo) encontrados podem dar origem a novos conceitos e ideias pela aplicação da pergunta *como?*

4. Alguns conceitos que podem ser usados na melhoria e inovação

A lista a seguir apresenta alguns conceitos que podem ser usados na inovação ou melhoria de processos, produtos ou serviços:

- Centralizar
- Descentralizar
- Simplificar (redução da complexidade)
- Padronizar
- Delegar
- Prevenir
- Melhorar formato, aparência, estilo
- Aumentar ou diminuir
- Tornar mais elegante
- Dividir ou multiplicar
- Inverter a ordem ou o fluxo
- Combinar, estabelecer conexões
- Integrar funções
- Tornar portátil, mais leve
- Tornar fácil de usar
- Tornar mais durável
- Tornar mais ágil, rápido
- Tornar mais flexível, versátil
- Tornar mais seguro
- Melhorar o apelo sensorial (sabor, tato, cheiro, som, etc.)
- Melhorar o apelo emocional (agradável, alegre, amigável, cortês, etc.)
- Substituir ou modificar materiais, formas, espaço ou outros atributos.

SCAMPER

1. O que é

SCAMPER, criado por Alex F. Osborn e Robert Eberle, é um conjunto de sete operadores (verbos manipuladores) que possibilitam a exploração de diferentes maneiras de transformar um objeto, sistema ou processo. O nome desta ferramenta vem das iniciais dos sete operadores: **S**ubstituir, **C**ombinar, **A**daptar, **M**odificar, **P**rocurar outros usos, **E**liminar e **R**earrumar.

Na essência, o SCAMPER é uma lista de perguntas estimuladoras da criatividade, baseada na noção de que muitas coisas novas resultam de modificações ou combinações de coisas já existentes.

2. Quando usar

Use o SCAMPER para realizar melhorias ou mesmo recriar objetos, sistemas ou processos a partir dos já existentes. Pode ser usado para resolver problemas ou desafios pessoais ou no trabalho; ou mesmo a melhoria de processos, produtos e serviços.

3. Estilo

O SCAMPER combina a abordagem de estímulos psicológicos com o pensamento criativo orientado; a imaginação é canalizada através dos operadores de modo a explorar caminhos definidos. Os sete operadores funcionam como possíveis soluções genéricas, a partir das quais as pessoas são instadas a imaginar soluções mais específicas. Exemplo:

Problema: como reduzir os acidentes domésticos com crianças?
Ideia genérica: **combinar** as ações de médicos e assistentes sociais.
Solução específica: aproveitar as sessões de orientação às gestantes para ensinar a prevenção de acidentes domésticos.

4. Como usar

O SCAMPER pode ser usado tanto individualmente como por grupos de pessoas. Pode também ser combinado com outras ferramentas de criatividade, como Brainstorming e o Mapa Mental.

4.1. Defina o problema

A clara definição do problema é um dos pontos mais importantes e, frequentemente, um dos mais negligenciados. Descreva o problema ou assunto para o qual está procurando ideias e assegure que todos tenham compreendido os propósitos do trabalho.

4.2. Apresente o SCAMPER

O SCAMPER é uma técnica que usa um conjunto de perguntas direcionadas a respeito de um problema, desafio ou oportunidade com o propósito de gerar novas ideias, que normalmente não ocorreriam.

A seguir são apresentados os sete operadores e algumas perguntas típicas que servem de gatilhos para estimular o pensamento criativo.

	Substituir (S)
Pense sobre	Substituição de parte do produto ou processo por outra coisa. Considere a substituição de materiais, formas, espaço, cor, local e outros atributos.
Perguntas típicas	O que posso substituir para obter uma melhoria? Que acontecerá se substituir isto por aquilo? Posso trocar de lugar, tempo, material ou pessoas? Posso usar outros materiais? Posso trocar uma parte por outra?

	Combinar (C)
Pense sobre	Combinação de uma ou mais partes ou atributos para obter um novo produto ou processo. Fusão, mistura ou conexão de objetos ou sistemas.
Perguntas típicas	Que materiais, características, tarefas, pessoas, produtos, processos ou componentes posso combinar? Como posso aumentar a sinergia?

	Adaptar (A)
Pense sobre	Que partes ou características do produto ou processo podem ser adaptadas para resolver o problema. Que ideias ou soluções de outras indústrias podem ser adaptadas.
Perguntas típicas	Que ideias posso copiar, adaptar ou incorporar? Que processos de outras indústrias podemos adaptar? Que lições podemos tirar de situações similares?

	Modificar (M)
Pense sobre	Aumento, diminuição ou alteração de parte ou de toda a situação atual. Considere a modificação da forma, dimensões, peso, tempo, frequência, velocidade, etc.
Perguntas típicas	O que aconteceria se eu aumentasse, diminuísse ou deformasse uma característica ou componente do produto ou processo? Multiplicar? Dividir o objeto ou processo em diversas partes?

	Procurar outro uso (P)
Pense sobre	Como poderia arrumar outros usos para seu produto ou processo. Achar outro mercado para seu produto. Ou como você poderia reutilizar alguma outra coisa para resolver o seu problema.

Perguntas típicas	Em que outro mercado eu poderia vender este produto? Que outros usos podemos pensar para este produto? Quem mais poderia se interessar por este produto ou serviço?

Eliminar (E)	
Pense sobre	O que aconteceria se você eliminasse várias partes ou características de um produto ou processo, e o que faria nesta situação
Perguntas típicas	Como simplificar isto? Que partes podem ser removidas sem afetar a função? O que é desnecessário ou dispensável? Que característica pode ser omitida?

Rearrumar (R)	
Pense sobre	Inversão da sequência em que as tarefas são feitas, ou as partes do produto são arrumadas. Procure ver a situação de diferentes ângulos. Explore novas arrumações no tempo e no espaço.
Perguntas típicas	Que tal fazer ou usar isto na ordem inversa? Que tal inverter a ordem em que são arrumadas? Como posso obter o efeito oposto? Posso virar ou girar?

Nota: as perguntas acima não se aplicam a todas as situações. É necessário que você extraia o sentido das perguntas genéricas e desenvolva as suas próprias e que sejam relevantes para sua situação particular.

4.3. Defina sua estratégia

Analise o problema ou desafio e decida quais operadores são aplicáveis e relevantes. O grupo pode ser dividido e cada subgrupo trabalhar com um ou mais dos operadores selecionados. Pode-se também fazer um rodízio de operadores entre os subgrupos. Ao final, apresente as ideias de cada subgrupo e dê mais um tempo para que novas ideias sejam construídas a partir das ideias apresentadas.

4.4. Exemplos de usos dos sete operadores

O quadro a seguir apresenta algumas aplicações práticas dos operadores do SCAMPER.

Operador	Exemplos
Substituir (S)	Cirurgiões usam adesivos para fechar as incisões no lugar de fios de sutura.
Combinar (C)	Telefones celulares combinando telefonia com música, GPS, SMS, internet, relógio, despertador, fotografia, etc.
Adaptar (A)	Uso das redes sociais, como Facebook e Twitter, para marketing de produtos e serviços.
Modificar (M)	Redução de dimensões e peso de celulares e *notebooks*. Multiplicação de pontos de atendimento bancário pelo uso de casas lotéricas e correios.
Procurar outro uso (P)	Pneus usados para produção de sapatos ou como componente de asfalto.
Eliminar (E)	Telefone sem fio. *Ckeck in* pela internet ou celular dispensa o atendimento no balcão. Cartão de débito elimina o uso de cheques.
Rearrumar (R)	Restaurantes em que o cliente escolhe e paga a refeição no caixa, antes de se dirigir à mesa.

Análise de Atributos

1. O que é

Listagem de Atributos é o processo de desmembrar uma entidade, que pode ser um objeto, sistema, projeto, ideia, etc., em seus atributos ou componentes e então pensar sobre seus atributos ao invés da entidade em si. O processo completo consiste em identificar e caracterizar os atributos de uma entidade e gerar ideias para:

- ❖ Encontrar novos usos para um objeto com base na exploração das propriedades de seus atributos.

- ❖ Encontrar novas formas para um objeto, sistema ou projeto pelas combinações dos diversos valores que seus atributos podem apresentar.

- ❖ Encontrar soluções para um problema complexo pela exploração de soluções para os diversos componentes da situação problemática.

Atributo é uma característica ou propriedade de uma entidade (objeto, sistema, projeto, etc.). É qualquer detalhe que serve para identificar, qualificar, classificar, quantificar ou expressar o estado de uma entidade. Os atributos de um carro podem ser: o fabricante, o modelo, a cor, etc. Os atributos de uma novela podem ser: os personagens, o tema (drama, comédia, etc.), o enredo, o local, a época (passado, presente ou futuro), o clima, etc. Os atributos de uma estratégia empresarial podem ser: os mercados visados, os produtos ofertados, os preços praticados, os canais de distribuição, as competências disponíveis, etc.

Uma entidade pode ser descrita pelos valores de seus atributos. Por exemplo, um lápis: pela madeira de que é feito, pelo formato (cilíndrico, sextavado, etc.), pela cor do acabamento, pela dureza da grafite (HB, 2H, 3H, etc.), pela cor da grafite (preto, vermelho, azul, etc.) e outros detalhes que servem para diferenciá-lo. Os diversos valores que podem ser assumidos por esses atributos podem ser combinados de diversas maneiras, gerando diferentes tipos de lápis.

A identificação de atributos pode ser facilitada pelo uso de *checklists*. Por exemplo:

- ❖ Físico: material, forma, cor, peso, odor, tamanho, estrutura, sabor, velocidade, flexibilidade, resistência, temperatura, magnetismo, propriedades químicas.
- ❖ Fonte de energia: solar, rede elétrica, bateria, óleo diesel.
- ❖ Psicológico: aparência, simbolismo, sentimentos, emoções.
- ❖ Funcional: uso pretendido, aplicações, funções.
- ❖ Pessoas: quem está envolvido, afetado, interessado; poder aquisitivo, nível de instrução.
- ❖ Diversos: custo, preço, reputação, origem, classe a que pertence.

2. Quando usar

Use quando tiver uma situação que possa ser decomposta em atributos. Esta ferramenta é indicada quando se quer criar ou melhorar um produto, serviço, sistema, processo ou projeto, ou solucionar um problema complexo através de seus componentes.

3. Estilo

Altamente racional e adequada para tratar de problemas de engenharia e para pessoas que preferem abordagens analíticas.

4. Como usar

4.1. Novos usos para um objeto

Para usar esta técnica com finalidade de encontrar novos usos para um objeto:

- Primeiro, liste os atributos do objeto.
- Focalize cada atributo e faça perguntas explorando novos usos baseados nas características do atributo.

Por exemplo, por defeitos na linha de produção, um fabricante de rolamentos tem 500 mil esferas de aço inoxidável com diâmetro ligeiramente acima das especificações. Se perguntar, "O que posso fazer com 500.000 esferas fora da bitola?", ele terá umas poucas respostas, como bolinha de gude. Mas ele pode listar os diversos atributos das esferas, como esfericidade, pesadas, metálicas, brilhantes, duras, lisas e magnetizáveis, e explorar novos usos baseados nestes atributos. Ele pode perguntar, "O que posso fazer com 500.000 coisas pesadas?" ou "O que posso fazer com 500.000 coisas brilhantes?". Repetindo estas perguntas para cada atributo, certamente terá um número muito maior de possíveis usos. Algumas respostas para a pergunta sobre o uso de coisas pesadas: contrapeso para tratores e guindastes, lastro para navios, peso para papéis, pesos de balanças, etc.

4.2. Encontrar novas formas

Para usar esta técnica com finalidade de encontrar novas formas para um objeto, sistema ou projeto:

- Primeiro, liste os atributos do objeto.
- Construa uma tabela designando uma coluna para cada atributo.
- Em cada linha da coluna, escreva os diferentes valores que o respectivo atributo possa assumir. A ferramenta *Brainstorming* poderá ser útil nesta etapa.
- Quando terminado este exercício, a tabela mostrará as possíveis variações de cada atributo.
- Selecione uma entrada numa coluna e combine-a com as entradas de outras colunas. Para cada combinação você terá um produto distinto.

❖ Finalmente, selecione e examine as combinações que lhe parecerem mais promissoras. Analise e melhore as que se mostrarem mais viáveis e valiosas.

Por exemplo, imagine que você quer criar uma nova luminária. O primeiro passo é a identificação das características de uma luminária, que podem ser: a fonte de energia, tipo de bulbo, intensidade da luz, tamanho, acabamento, estilo, acabamento e material. Coloque estes atributos como cabeçalho das colunas de uma tabela e, em seguida, imagine as possíveis variações em cada coluna.

Fonte de energia	Tipo de bulbo	Intensidade da luz	Tamanho	Estilo	Acabamento	Material
Bateria	Halógeno	Baixa	Muito grande	Moderno	Preto	Metal
Rede elétrica	Bulbo	Média	Grande	Romano	Branco	Cerâmica
Solar	Colorido	Alta	Médio	Art Nouveau	Metálico	Concreto
Gerador	Luz natural	Variável	Pequeno	Industrial	Terracota	Osso
Álcool			Portátil	Clássico	Esmaltado	Vidro
Gás				Medieval	Natural	Madeira
Óleo					Tecido	Pedra
						Plástico

Use a tabela para selecionar ao acaso um item em cada coluna e combiná-los, ou para selecionar combinações que pareçam interessantes e promissoras.

Algumas combinações que podem ser interessantes:

❖ Uma luminária de cerâmica a óleo em estilo romano para ser usada em restaurantes temáticos, lembrando as lâmpadas a azeite usadas na antiguidade.

- Uma luminária de mesa normal projetada para ser pintada ou coberta com tecido de forma a combinar com a decoração do ambiente.

Exercite sua criatividade fazendo combinações para serem usadas em ambientes como uma adega, uma casa colonial, um barco, uma casa na serra, uma loja de produtos orgânicos, etc.

Muitas combinações podem se mostrar inovadoras e práticas, outras não. É aqui que entra a experiência do fabricante e seu conhecimento do mercado para selecionar as mais valiosas.

4.3. Solucionar problemas complexos

O uso desta técnica com finalidade de analisar e solucionar problemas complexos consiste em desmembrar um problema geral e abstrato em problemas mais específicos e concretos. Frequentemente, a análise de atributos é uma forma de reconhecer que um problema complexo é formado pela combinação de problemas menores. É um meio de isolar as variáveis que dão forma a uma situação problemática e possibilitar mudanças em uma ou mais destas variáveis e melhorar o todo.

Por exemplo, considere o problema da pobreza e analise quais são seus atributos. Algumas respostas: pessoas, má alimentação, analfabetismo, desemprego, desmotivação, baixa autoestima, falta de transporte, famílias grandes, assistência a saúde de baixa qualidade, má qualidade das moradias. Cada um destes atributos pode ser estudado no sentido de desenvolver soluções especificas e concretas. Alguns destes atributos deverão ser desmembrados em problemas menores para serem analisados e solucionados adequadamente.

Nove Janelas

1. O que é

Um obstáculo comum à inovação e solução de problemas é a dificuldade de definir o problema devido à complexidade da situação. Problemas complexos precisam ser analisados sob distintas perspectivas para serem adequadamente entendidos e definidos.

A técnica Nove Janelas pode ajudar a desvendar a complexidade, de forma que o problema se torne mais claro. É uma ferramenta visual que permite analisar a situação sob diferentes perspectivas, especialmente em pensar sobre o problema a resolver em termos de Tempo e Escala.

A dimensão Tempo é tipicamente representada em termos de passado, presente e futuro. A dimensão Escala usa os conceitos de hierarquia de sistemas: macro sistema, sistema e subsistema. O princípio básico desta técnica consiste em dividir o universo do problema em nove segmentos, conforme mostrado na figura 1.

	Passado (Preventivo)	Presente	Futuro (Corretivo)
Macro sistema	O que poderia ser feito no nível macro para prevenir o problema?	Qual é o macro sistema imediato? Até que ponto devemos subir?	O que pode ser feito no nível macro para corrigir o problema?
Sistema	O que poderia ser feito para prevenir o problema neste nível?	O problema imediato	Após a produção do produto, o que pode ser feito para corrigir as falhas?
Sub sistema	O que poderia ser feito no nível de subsistemas para prevenir o problema?	Quais são os subsistemas? Componentes? Até que nível devemos descer?	Após a produção dos subsistemas, o que pode ser feito para corrigir as falhas?

Figura 1: As Nove Janelas

O Subsistema consiste das partes que formam o Sistema; o Macro sistema é o ambiente onde o sistema existe e funciona.

O conceito Passado está comumente associado à Prevenção: o que pode ou poderia ser feito para prevenir a ocorrência de determinado evento ou problema. O conceito de Futuro está comumente associado à Correção: que ação corretiva poderá ser tomada no caso de ocorrência de determinado evento ou problema.

No uso da técnica das Nove Janelas, o conceito de futuro é bastante elástico, tanto pode ser no minuto seguinte, como no próximo dia, semana, mês, ano ou século. O mesmo com o conceito de passado.

2. Quando usar

A técnica das Nove Janelas pode ser usada nas diversas etapas do processo de análise e solução de problemas complexos: entendimento da situação, definição do problema, coleta de dados, análise das causas, geração de ideias, seleção e avaliação de soluções.

Esta ferramenta nos força a procurar as causas do problema e suas soluções em todas as nove janelas. É um excelente recurso para entender, sumarizar e comunicar uma situação complexa.

3. Estilo

Altamente racional e adequada para tratar de problemas complexos e para pessoas que preferem abordagens analíticas. Usada tanto para estudos individuais como em grupo.

Cada janela da matriz está relacionada a uma parte específica da situação geral. Pela divisão da situação deste modo temos três importantes benefícios:

a) Amplia nossa perspectiva e nos encoraja a considerar todos os aspectos da situação.
b) Permite-nos focar cada janela, confiantes de que não deixaremos de considerar as outras janelas.
c) Possibilita combinar sem conflitos os dois benefícios acima, ou seja, concentrar nos detalhes sem perder a visão do todo.

4. Como usar

A maior dificuldade no uso desta técnica pode ocorrer na identificação do Sistema, do Subsistema e do Macro sistema. O quadro a seguir mostra alguns exemplos destes três conceitos e suas relações.

	Exemplo 1	**Exemplo 2**	**Exemplo 3**	**Exemplo 4**
Macro sistema	Transporte	Sociedade Sistema viário	Editora Livrarias	Prédio Condomínio Bairro
Sistema	Automóvel	Transporte rodoviário	Livro	Apartamento
Subsistema	Motor Freios Carroceria Direção Chassis	Automóveis Caminhões Ônibus Estradas	Páginas Palavras Conceitos Imagens	Paredes Telefonia Hidráulica Portas Piso

A figura 2 mostra o exemplo do projeto de uma caneta para ilustrar alguns dos vários aspectos relativos ao tempo e escala que devemos considerar quando pensarmos de maneira mais completa a respeito do projeto de um novo produto ou na solução de um problema.

	Passado Antes de começar a escrever	Presente Pessoa escrevendo	Futuro Depois de escrever
Macro sistema	Projeto da caneta Padrões técnicos Plano de marketing Canais de venda	Usuário Mesa Papel Ambiente	Local de guarda Efeitos sobre o ambiente
Sistema	Montagem Embalagem Entrega Armazenagem Venda	Caneta sendo usada para escrever	Guarda Recarga Descarte
Sub sistema	Fabricação dos componentes individuais	Tampa Corpo Pena Tubo de tinta Tinta	Reciclagem e reuso dos componentes

Figura 2: Projeto de uma caneta

A janela central, **Sistema-Presente**, é onde automaticamente nosso cérebro se concentra toda vez que confrontados com uma situação ou problema a solucionar. Em outras palavras, se formos solicitados a pensar sobre o projeto de uma caneta melhor, o nosso cérebro imediatamente forma a imagem de uma caneta (o sistema) sendo usada para escrever (o presente). A técnica das Nove Janelas abre outras perspectivas e nos leva a pensar sobre a caneta:

- ❖ Num contexto maior (o macro sistema) incluindo a pessoa segurando a caneta, o papel usado, a mesa, etc..
- ❖ Num contexto menor (o subsistema): os componentes da caneta como a pena, a tampa, a tinta, etc..
- ❖ No passado: projeto, fabricação, empacotamento, transporte, preparação para escrever, etc.

- No futuro: o que acontece com a caneta imediatamente após terminarmos de escrever, seu descarte ao final de sua vida útil, etc.

A técnica das Nove Janelas nos ajuda a superar a inércia mental que nos prende ao tempo presente e ao nível do sistema. Esta técnica nos encoraja a pensar de uma forma mais holística, pois o projeto de uma caneta não diz respeito somente ao que acontece quando a caneta está escrevendo, mas a muitos outros aspectos, dos quais alguns poucos são mostrados na figura 2.

Em resumo, ao pensarmos sobre a melhoria do projeto de um produto, ou na solução de um problema, podemos enfocar o problema sob nove diferentes perspectivas, combinando os enfoques temporais (passado, presente e futuro) com os espaciais (subsistema, sistema e macro sistema). Por exemplo, uma cadeia de hotéis na Suécia projetou os móveis de seus apartamentos pensando não somente nos custos atuais e no conforto de seus hóspedes, mas também nos custos futuros de descarte dos mesmos e nas possibilidades de reciclagem e reaproveitamento.

Há diversas maneiras de se usar os conceitos de passado, presente e futuro para analisar e solucionar um problema. Um método simples compreende a formulação das seguintes perguntas em cada uma das nove janelas:

- Passado: Se eu pudesse retornar no tempo e fazer algo para prevenir este problema, o que eu faria?
- Presente: Se eu pudesse fazer algo diferente neste momento para evitar a ocorrência deste problema, o que eu faria?
- Futuro: O problema está acontecendo e eu não fui capaz de evitá-lo. Como resolvê-lo?

A técnica das Nove Janelas fornece nove perspectivas para olhar o problema. Ela nos ajuda a olhar o problema sob uma perspectiva mais ampla, a visão da floresta, como também sob uma perspectiva mais voltada para os detalhes, a visão das árvores. Algumas vezes você conseguirá responder a todas as nove perguntas, outras vezes somente algumas. De qualquer forma, esta técnica abre novos e amplos caminhos para sua criatividade, tanto na inovação de produtos, serviços e processos, como na solução de problemas complexos.

Pensamento Inventivo Sistematizado

1. Introdução

As ferramentas de criatividade apresentadas nos capítulos anteriores, como o Brainstorming, SCAMPER e Questionamento de Suposições, são todas baseadas em estímulos psicológicos, ou seja, procuram promover mudanças nas atitudes e nos modelos de pensamento existentes dentro do grupo, numa tentativa de gerar ideias que não eram observadas nos indivíduos que formam o grupo. Essas técnicas têm uma limitação, pois não introduzem novos conhecimentos e trabalham com os conhecimentos e experiências já existentes e trazidos para a sessão pelos membros do grupo.

A técnica Pensamento Inventivo Sistematizado (PIS) se baseia nos Princípios Inventivos do TRIZ (Teoria da Solução Inventiva de Problemas) desenvolvidos por Genrich Altshuller, e que sintetizam a base de conhecimentos derivada das experiências inovadoras em diversos campos da atividade humana. Através destes princípios, o pensamento criativo pode seguir as trilhas já percorridas por milhares de inventores e solucionadores de problemas e se inspirar nas suas ideias e nas soluções de problemas similares ao seu.

O Pensamento Inventivo Sistematizado (PIS) consiste numa livre adaptação desses princípios para aplicação na solução criativa de problemas técnicos de baixa e média complexidade, problemas operacionais e gerenciais, na inovação de processos empresariais e na melhoria da qualidade e produtividade. Para problemas técnicos mais complexos use os princípios e as ferramentas da metodologia TRIZ.

A metodologia apresentada a seguir se inspira no modelo ASIT (Advanced Systematic Inventive Thinking) desenvolvido por Roni Horowitz e nas melhorias propostas por Toshio Takahara.

2. Definições

Objeto: uma entidade definida no tempo e no espaço com características que o diferenciam do seu ambiente. Um objeto pode interagir com outros objetos para modificar ou mesmo evitar a modificação de seus atributos. Exemplos de objetos: uma bola, um motor, um parafuso, a água, um gás, um animal, uma informação.

Atributo: propriedade que caracteriza ou distingue um objeto. Exemplos de atributos:

a) Relacionados à massa: peso, densidade, distribuição da massa, etc.
b) Relacionados à dimensão e forma: comprimento, área, volume, forma, etc.
c) Relacionados à superfície, estrutura e estrutura interna do objeto.
d) Relacionados às propriedades mecânicas: flexibilidade, dureza, resistência, ressonância, etc.
e) Relacionados às propriedades óticas: cor, transparência, índice de refração, etc.
f) Relacionados às propriedades elétricas: condutividade elétrica, capacitância elétrica, carga elétrica, voltagem, etc.
g) Relacionados às propriedades térmicas: temperatura, condutividade térmica, ponto de fusão/evaporação, etc.
h) Relacionados às propriedades magnéticas e eletromagnéticas: magnetismo, susceptibilidade magnética, etc.
i) Relacionados às propriedades químicas: composição química, concentração, reatividade química, pH, etc.
j) Relacionados às propriedades operacionais: operacionalidade, flexibilidade, facilidade de fabricação/manutenção/controle, etc.

Fator agravante: um fator que complica a situação e a torna mais difícil.

Fator benéfico: um fator que muda a situação para melhor.

Fator neutro: um fator que não afeta a situação problemática.

Função: ação que modifica ou impede a modificação de atributos. Exemplos de funções: mudar a elevação, modificar constantes, fixar uma posição, reagir a uma força, alterar a cor, aumentar o calor, etc.

Função útil: qualquer coisa relacionada a um sistema que é benéfica: atividades, ações, processos, saídas, etc.

Função nociva: fator indesejável associado ao sistema: custo de projetar o sistema, o espaço que ocupa, o barulho que emite, a energia que consome, recursos para mantê-lo, etc.

Fixação funcional: um fenômeno mental que nos impede de perceber a habilidade de um objeto de assumir uma função que é diferente de sua função normal.

Recurso: qualquer coisa que existe em um sistema e na sua vizinhança e que pode contribuir para a solução de um problema. Inclui tempo livre, espaço livre, energia, informação, conexões, materiais, pessoas (conhecimentos, habilidades, atitudes e relacionamentos), etc.

Sistema ideal: aquele que desempenha uma função sem realmente existir; não ocupa espaço, não tem peso, não requer trabalho e nem manutenção. Produz benefícios sem custos ou efeitos nocivos.

Universo do problema: consiste do ambiente onde ocorre o problema, ou seja, os limites onde estão localizados os objetos (ou objeto) que causam o problema, ou contribuem com o mesmo, objetos afetados pelo problema (vítimas) e outros objetos relacionados com os objetos causadores ou vítimas.

3. A metodologia do Pensamento Inventivo Sistematizado - PIS

A metodologia do PIS se baseia em duas condições (regras) e em oito ferramentas provocadoras de ideias.

3.1. As duas condicionantes

As duas regras que orientam a solução criativa de problemas são o Princípio do Ambiente Fechado e o Princípio da Mudança Qualitativa.

Princípio do Ambiente Fechado: a solução criativa de um problema se fundamenta principalmente nos componentes naturais contidos no "universo do problema" ou em sua vizinhança. A solução inventiva não adiciona novos recursos ao sistema, ou não introduz novos tipos de objetos e diferentes dos que estão presentes no universo do problema. Este princípio considera que muitos problemas podem ser resolvidos manipulando as propriedades de um dos componentes do sistema, como dimensão, cor, forma, temperatura, localização, sequência, ordem, etc.

Os objetos existentes no universo de problema podem ser:

- ❖ Objetos problema: objetos que criam o problema; os objetos que transferem o problema e aqueles que são afetados pelo problema (vítimas).

- ❖ Objetos ambientais: objetos que estão na área do problema, mas que não contribuem para o problema ou não são afetados por ele. Podem contribuir para a solução.

O propósito desta condição é forçar a procura de solução que use preferencialmente os recursos disponíveis e não torne o sistema mais complicado e oneroso.

Condição de Mudança Qualitativa: ao menos um fator agravante no universo do problema mudará para um fator benéfico ou neutro. Em outras palavras, procure por soluções em que o principal fator causador do problema (fator agravante) seja eliminado, neutralizado ou revertido.

O propósito de desta condição é forçar a procura de ideias que não envolvam soluções de compromisso, isto é, a eliminação ou redução de um fator agravante pela introdução ou aumento de outro fator agravante, ou ainda pela redução de um fator benéfico. Exemplo: aumento da resistência de um cabo pelo aumento de sua espessura e peso. O aumento da espessura e do peso é um aumento de fatores agravantes. Uma solução ideal seria aumentar a resistência sem aumentar a espessura e o peso do cabo.

3.2. As oito ferramentas

Para obter a solução de um problema, podemos operar sobre objetos, estrutura, função e atributos:

- ❖ Um objeto pode ser adicionado, removido ou alterado.
- ❖ A estrutura, uma relação entre objetos, pode ser alterada.
- ❖ Uma função pode ser adicionada ou removida.
- ❖ Um atributo pode ser adicionado, ativado, removido, desativado ou alterado.

As oito ferramentas provocadoras de ideias são classificadas em três categorias de ações transformadoras, adição, remoção e alteração, conforme mostrado no quadro a seguir.

Classificação		Ferramenta	Como resolve o problema (a)
Adição	Adicionar objeto	Multiplicação	Introduzindo uma réplica ou cópia modificada de um objeto existente no atual sistema ou processo (b)
	Adicionar função	Unificação	Atribuindo uma nova função para um objeto ou componente existente.

Remoção	Remover objeto	Remoção de objeto	Removendo um objeto do sistema ou processo e atribuindo sua função a outro objeto existente.
	Remover função	Remoção de função	Removendo uma função de um objeto do sistema ou processo.
Classificação		**Ferramenta**	**Como resolve o problema (a)**
Alteração	Mudar estrutura	Divisão	Dividindo o objeto e reconfigurando ou reorganizando as suas partes (c) Reorganizar pode significar quebrar ou criar novas conexões.
	Trocar objeto	Troca de objeto	Trocando ou substituindo um objeto existente por outro objeto obtido por multiplicação.
	Alterar atributo	Alteração uniforme de atributo	Mudando o atributo uniformemente.
		Quebra de simetria	Mudar uma situação simétrica por uma situação assimétrica (d).

Notas:

a) É também possível combinar duas ou mais ferramentas para se obter uma solução. Exemplo: remover um objeto e depois preencher sua função pela Unificação.

b) Algumas orientações/possibilidades para a Multiplicação:
   - Multiplique o objeto e use a cópia, com suas propriedades modificadas ou não, para executar algumas funções do sistema.
   - Multiplique o objeto e modifique as propriedades dos objetos (original e cópias), e use-os juntos no sistema.
   - Multiplique o objeto, modifique as propriedades das cópias e combine-as num objeto complexo para obter novas propriedades e funcionalidades.

c) Algumas orientações/possibilidades para a Divisão:
   - Divida em partes mutuamente independentes, de tal modo que cada parte desempenhe melhor a sua própria função.
   - Divida em partes, de modo que as partes específicas sejam fáceis de trocar ou reparar no caso de serem quebradas, danificadas, etc.
   - Divida em partes que sejam móveis em relação umas às outras.
   - Divida em partes de modo que o objeto (ou sistema) se torne flexível.
   - Se algumas partes do objeto têm propriedades indesejáveis, divida o objeto em múltiplas partes separadas de modo a eliminar a interferência e permitir às partes terem suas próprias propriedades e funcionalidades desejadas.
   - Divida em múltiplas partes, de modo que as partes se tornem fáceis de operar ou transferir.
   - Divida em múltiplas partes, de modo a aumentar a área da superfície e aumentar a interação entre as partes ou com outros objetos.

d) A assimetria pode ocorrer em três situações:

- ❖ Assimetria espacial: em diferentes áreas do objeto haverá diferentes valores da variável selecionada.
- ❖ Assimetria temporal: em ocasiões diferentes haverá diferentes valores da variável selecionada para o objeto selecionado.
- ❖ Assimetria grupal: para cada objeto do grupo haverá diferentes valores para a variável selecionada.

3.3. Esquema básico de solução de problemas

Ao invés de procurar diretamente uma solução específica para o problema específico, o procedimento comum de solução de problemas, adotado em todas as variantes do Pensamento Inventivo Sistematizado (TRIZ, USIT, ASIT, PIS, etc.), é o de explorar soluções genéricas para um problema genérico formulado a partir do problema específico. Este esquema está representado na figura a seguir.

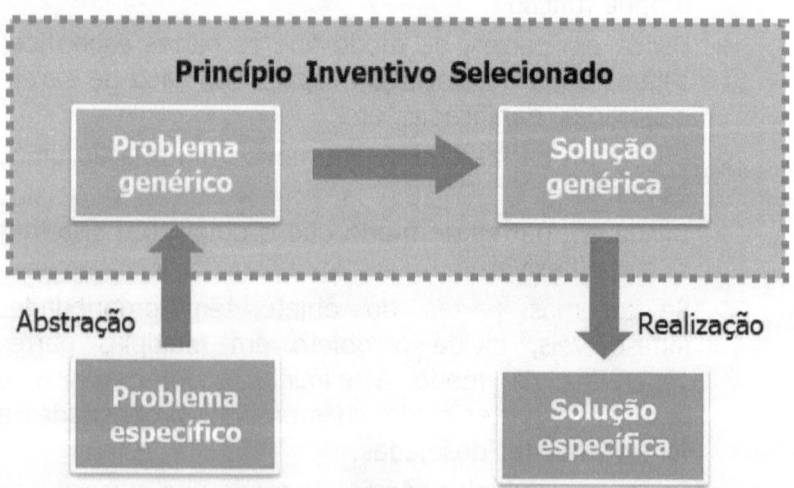

Neste esquema, primeiro passamos do problema específico para um nível abstrato, ou seja, um problema genérico, onde a essência do problema original é extraída pelo descarte de partes não essenciais. Em seguida, pela aplicação de uma das ferramentas provocadoras de ideias, é desenvolvida a solução genérica para o problema genérico. Finalmente, usando-se a solução genérica como ponte, é desenvolvida a solução específica aplicável ao problema específico.

Avalie a solução específica resultante e, se for o caso, repita o procedimento pela seleção de outra ferramenta da metodologia, até encontrar uma solução satisfatória.

A vantagem deste esquema é permitir a exploração de soluções conceituais (soluções genéricas) sem a necessidade de examinar imediatamente a viabilidade e as dificuldades de implementação. Sem os filtros do mundo real, nossa mente fica livre para explorar soluções ideais que servirão de sementes para a solução específica do problema real.

4. Como usar

A metodologia do Pensamento Inventivo Sistematizado é usada tanto para a solução de problemas, como também para a criação e desenvolvimento de novos produtos e serviços.

Na aplicação da metodologia para a solução criativa de problemas, os seguintes passos devem ser observados:

1.	Definir o universo do problema	Estabelecer os limites do ambiente onde ocorre o problema e identificar os objetos existentes neste ambiente.
2.	Identificar o fator agravante	Fator que torna a situação problemática e complicada. A causa do problema que deve ser removida ou anulada.
3.	Determinar a ação desejada	Escolher o objeto, atributo, função ou estrutura que será adicionado, removido ou alterado.

4. Gerar a solução genérica	Aplicar a ferramenta selecionada e gerar ideias para a solução do problema.
5. Desenvolver a solução específica	Adaptar a solução genérica às condicionantes do mundo real. Definir as condições necessárias para que a solução funcione.

5. Exemplos

A seguir alguns exemplos de uso das oito ferramentas provocadoras de ideias e das condicionantes de Ambiente Fechado e Mudança Qualitativa.

5.1. O caso da tubulação curva

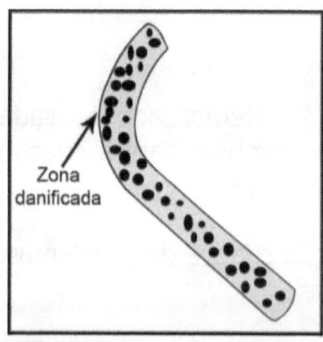

Este exemplo demonstra a aplicação da ferramenta de Unificação.

Uma instalação de processamento de grãos usa uma tubulação curva para transportar os grãos movimentados pelo ar sob pressão. O problema é a erosão causada na superfície da curva pelo choque de grãos em alta velocidade, como mostrado na figura ao lado. Os componentes do Universo do Problema são a tubulação, os grãos e o ar.

A solução é usar os próprios grãos na proteção da superfície da curva pela modificação da tubulação. Foi criada uma zona de acumulo de grãos na curva, de modo que os grãos acumulados na curva absorvam o impacto dos grãos em movimento, como mostrado na

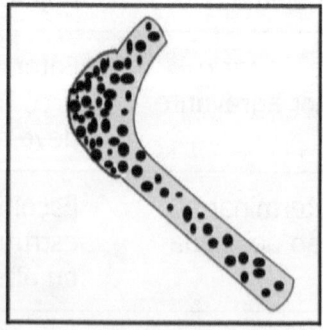

119

figura ao lado. Foi atribuída aos grãos a função de proteger a superfície da tubulação (ferramenta Unificação). A solução usa um dos componentes do Universo do Problema sem introduzir novos objetos, satisfazendo a condicionante de Ambiente Fechado. O fator agravante, grãos em movimento, foi neutralizado, satisfazendo a condição de Mudança Qualitativa.

5.2. O caso da coleta de lixo

Numa vila, os trabalhadores que realizavam o recolhimento do lixo deviam repetir, para cada casa, o seguinte procedimento:

a) contornar a habitação e entrar no seu jardim para pegar o coletor de lixo (um container padrão munido de rodinhas);
b) empurrar o container até o caminhão de coleta;
c) esvaziá-lo e trazê-lo de volta ao lugar previsto, e
d) partir com o caminhão até a próxima casa e repetir o procedimento.

Neste caso, os objetos do Universo do Problema são o caminhão, os containeres, o lixo, o trabalhador, o motorista e as casas.

A ideia imaginada por um dos trabalhadores para reduzir a carga de trabalho: em vez de realizar duas idas e retornos por habitação, teve a ideia de começar a coleta com um container vazio, colocá-lo na primeira casa e retornar até o caminhão com o container cheio para esvaziá-lo e levá-lo para a casa seguinte. Esse novo procedimento, repetido para cada casa, permitiu reduzir pela metade o número de idas e vindas na coleta de lixo. Este caso ilustra o uso da ferramenta Multiplicação: a introdução de uma cópia do modelo de container usado. A solução atende a condicionante Ambiente Fechado, pois não introduz nenhum tipo novo de objeto, mas a cópia de um objeto existente. O fator agravante, movimentação excessiva, foi reduzido, satisfazendo também a condicionante Mudança Qualitativa.

5.3. Outros exemplos

Ferramenta	Exemplos de aplicação
Multiplicação	Uso de reprodutores estéreis (espécies modificadas produzidas em laboratório) para impedir a proliferação de insetos nocivos às lavouras.
Unificação	Smartphones desempenham diferentes funções como email, GPS, agenda, acesso a internet, MP3, fotografia, calculadora, etc. Casas lotéricas desempenham funções bancárias como o recebimento de contas.
Remoção de objeto	Restaurantes *self service*: remoção do garçom e atribuição de suas funções ao cliente. Condicionador de ar *split*: o compressor separado e colocado fora do ambiente.
Remoção de função	Supermercado: a função de pegar as mercadorias nas prateleiras foi removida dos funcionários e atribuída aos clientes. Os funcionários permanecem com as atribuições de arrumação das mercadorias e operação das caixas registradoras.
Divisão	As funções das agências bancárias foram segmentadas e algumas (saques, depósitos, pagamentos, transferências e consultas) são também desempenhadas através de caixas eletrônicos ou de computadores online. Móveis modulados. Engates rápidos.
Quebra de simetria	Tratores agrícolas: as rodas traseiras são maiores e mais largas para distribuir a pressão sob o solo e diminuir sua compactação. Lentes bifocais.

Seção III
Desenvolvimento e Seleção de Ideias

A Tragédia das Ideias Perdidas

Você já deve ter presenciado esta cena várias vezes: alguém apresenta uma nova ideia, cheio de entusiasmo, e as cabeças começam a balançar negativamente, murmurando "Não! Não! Não!". Mais uma ideia é liquidada, sem maiores preocupações em examinar seus méritos. Ela é simplesmente fuzilada por causa de um aspecto que a torna impraticável na opinião dos avaliadores. Nenhuma tentativa é feita para trabalhar a ideia, explorar seus pontos positivos e neutralizar seus pontos negativos. Esta é uma situação muito comum em todas as organizações; diariamente milhares de ideias são jogadas fora sem a consideração de suas possibilidades. O aspecto mais trágico desta atitude é que ela acaba por inibir as cabeças pensantes da empresa. Para cada ideia criativa descartada, há um criador de ideias imaginando se vai se arriscar a oferecer outras.

Em situações semelhantes, você pode agir como um coveiro ou como um jardineiro. O coveiro trata de enterrar a nova ideia o mais fundo possível, de forma que ela não volte a incomodá-lo. O coveiro de ideias tem o hábito de examiná-las com base na sua viabilidade imediata e descartar todas as que apresentem qualquer indício de dificuldades na sua adoção.

O jardineiro sabe que a semente de toda inovação é uma ideia altamente especulativa, e inacabada, que precisa ser trabalhada par se tornar viável e prática. Pela sua própria natureza, quanto mais ambiciosa a ideia, mais frágil ela se apresentará, mais falhas terão que ser corrigidas. É importante reconhecer que na medida em que você afasta os obstáculos, isto é, constrói a viabilidade da ideia, você está modificando-a, ou mesmo transformando-a. O resultado final pode ser bem diferente da ideia original. Esta é a verdadeira natureza do desenvolvimento de ideias. Não há nada de errado neste processo, desde que o produto final seja reconhecido como valioso, útil e viável. Neste caso, o valor da ideia original está no seu papel de gatilho do processo de inovação.

A beleza desta abordagem é que ela permite que você comece com uma ideia muito nova e fresca e não se deixe cegar pelos seus inevitáveis defeitos. Como você tem os meios de construir sua viabilidade de forma sistemática, há mais liberdade em usar sua imaginação para melhorá-la ou mesmo transformá-la. Neste processo de desenvolvimento de ideias, o jardineiro percorre uma trilha de cinco etapas.

Avaliação e desenvolvimento de ideias com mente aberta

Etapa 1: Diga simplesmente "talvez"

Segure o primeiro impulso de dizer "não". A negativa corta todo um mundo de possibilidades. Nesta etapa você deve dizer a si mesmo que, dada à nova ideia uma atenção construtiva, ela pode mostrar seus méritos e se tornar muito valiosa.

Etapa 2: Encontre os positivos

Articule aqueles aspectos e características da ideia que são positivos, mesmo que você não a aprove na sua totalidade. Tente ser específico sobre os pontos positivos. Esta é uma etapa importante, pois estabelece uma atitude mental diferente da atitude típica da resposta "*aqui está o que esta ideia tem de errado*". Esta atitude construtiva cria uma chance da nova ideia viver um pouco mais e revelar um surpreendente número de características positivas que, de outro modo, não seriam percebidas.

Etapa 3: Identifique os problemas a solucionar

Considere que os aspectos negativos são obstáculos a serem superados, e não razões para descartar a nova ideia. Tenha em mente que, no ciclo da vida de uma nova ideia, este é o momento mais vulnerável e uma abordagem negativa certamente a matará prematuramente. Não se trata de negligenciar os aspectos negativos associados à ideia, mas sim de mantê-la viva pela clara identificação de medidas a serem tomadas para neutralizar estes aspectos negativos. Por exemplo:

"É muito caro. Não podemos fazer isto dentro do nosso orçamento".

Torna-se em:

"Vamos ver se podemos fazê-lo a um custo menor".

Todas as duas declarações tocam a questão dos custos. A primeira fecha as portas, a segunda a deixa aberta e convida os solucionadores de problemas a continuar seu trabalho.

Etapa 4: Gere ideias para remover os obstáculos

Concentre-se primeiro no problema mais difícil e gere ideias específicas para removê-lo. Comece pelo obstáculo mais desafiador, pois, com muita frequência, os outros são derivados deste problema maior; resolvendo o maior, você estará resolvendo os outros também. Continue removendo os obstáculos remanescentes, até que você tenha desenvolvido um conceito que possa ser considerado viável e valioso.

Etapa 5: Crie um plano de ação

Articule o novo conceito que você desenvolveu, certificando-se de ele inclui todos os elementos que você incorporou para torná-lo viável e acionável. Liste as medidas necessárias para realizar a implementação.

Numa cultura organizacional que não sabe como ser receptiva ao pensamento criativo, não se perde somente ideias, mas os criadores de ideias também. A boa receptividade ao pensamento criativo não se resume à fase de geração de ideias, mas abrange também ao tratamento que se dá às ideias apresentadas. É fundamental dispor de uma metodologia robusta para avaliação, desenvolvimento e seleção de ideias. Isto traz duas vantagens:

a) Assegura que todas as ideias sejam adequadamente consideradas e nenhuma ideia ou conceito promissor seja perdido por negligência na sua avaliação.

b) Assegura aos colaboradores que suas contribuições terão um tratamento profissional e avaliadas segundo critérios objetivos e transparentes.

Nesta seção apresentamos algumas ferramentas que ajudam a comparar, classificar, selecionar e desenvolver ideias de modo a se obter o melhor proveito de fase de geração de soluções. As ferramentas apresentadas podem ser usadas isoladamente ou combinadas. Use-as na forma que melhor atenda às suas necessidades.

Critérios para Avaliação de Soluções Criativas

O valor ou mérito de uma ideia (ou a solução de um problema) pode ser determinado pelo grau em que ela cumpre requisitos pré-estabelecidos para a solução do problema. Estes requisitos são determinados pela natureza de cada problema e constituem o conjunto de critérios adotados para avaliar as possíveis soluções e priorizá-las.

Apresentamos alguns dos critérios frequentemente usados na avaliação de ideias. Quais usar depende da natureza de cada problema; escolha os critérios adequados e complemente-os com critérios específicos do problema a resolver.

Eficácia:

- **Efetiva**: resolve o problema efetivamente, a solução atinge os objetivos desejados. Muitas soluções são somente parciais e o grau em que a solução funciona é uma medida importante para comparar várias soluções e determinar a superioridade relativa. Efeitos colaterais negativos, como impactos ambientais, reação hostil dos consumidores, alto consumo de energia, etc., devem ser considerados.

- **Atendimento às restrições**: a solução funciona dentro das restrições estabelecidas para o problema, ou as contorna ou supera de um modo aceitável. Restrições podem se relacionar às especificações, ao prazo, ao orçamento, etc.

- **Aceitação**: a solução agrada àqueles que devem implementá-la, aos consumidores, à sociedade e àqueles que são afetados por ela. Seus efeitos colaterais negativos inexistem ou são insignificantes. Ela pode não ser tecnicamente brilhante, mas não é socialmente estúpida.

Eficiência:

- **Relação custo/benefício**: a solução é econômica, com uma alta relação preço/desempenho. Ela vale o esforço e os recursos financeiros aplicados.
- **Praticidade**: a solução é lógica, prática e de fácil compreensão, implementação, operação e uso.
- **Confiabilidade**: a solução continuará a funcionar ao longo do tempo com confiabilidade, consistência e eficácia.

Novidade:

- **Originalidade**: a solução é inovadora, surpreendente. Vai além das linhas usuais de pensamento.
- **Estética**: a solução é refinada, bela, elegante, atrativa.
- **Seminal**: a solução cria as bases para soluções similares, abre novas perspectivas para desenvolvimentos posteriores. Ela representa o inicio de novos questionamentos e de ideias promissoras.

Alguns destes critérios podem não se relevantes para uma dada situação, faça sua escolha com todo cuidado e complemente-os com critérios os específicos aplicáveis.

Matriz de Classificação de Ideias

1. Por que classificar?

Gerar ideias é uma fase crucial do processo criativo, mas não é a única e nem a parte final, como alguns podem pensar. Decidir o que fazer com as ideias geradas, quais aproveitar e quais colocar de lado, é também uma atividade importante e crítica no processo de solução de problemas. Uma colheita descuidada pode por a perder os frutos de uma boa safra.

Terminada a fase criativa, podemos ter algumas dezenas de ideias para examinar e selecionar. Neste ponto, a tendência natural é fazermos uma comparação entre essas ideias, usando-se critérios de viabilidade técnica, econômica, política, etc. Isto nos conduz a um processo de eliminações sucessivas, até restar uma única ideia. Pode ser um grande erro, pois estaremos usando um critério único para comparar coisas diferentes. Este erro pode nos levar a transformar uma riqueza de ideias numa pobreza de opções constituída somente pelas ideias mais triviais e conservadoras, ou por ideias muito visionárias e impraticáveis.

Antes de comparar, classifique as ideias, agrupando-as segundo o grau de inovação. Em seguida, compare entre si as ideias de uma mesma classe, selecionando as melhores de cada grupo. Ao final você terá um conjunto de boas ideias representando diversos estágios de inovação, desde as mais triviais às mais visionárias. Você estará mais bem preparado para decidir sobre a estratégia de inovação mais adequada, ou seja, quais ideias podem ser implantadas imediatamente, quais necessitam ajustes e melhorias, quais as de médio prazo e quais poderão ser retomadas no futuro.

2. Coloque cor em suas ideias

A **Matriz de Classificação de Ideias** é uma ferramenta que nos ajuda a agrupar as ideias de mesma natureza. A matriz é baseada em dois conceitos, inovação e viabilidade, formando quatro classes de ideias representadas por quatro cores: azul, verde, vermelho e amarelo.

Classe de ideias	Cor das ideias	Descrição
Prontas para usar	Azul	Melhorias incrementais ou pequenas inovações que podem ser implementadas com base na tecnologia e nos conhecimentos, habilidades e atitudes existentes. Necessitam somente de pequenos ajustes.
Inovações	Verde	Mudanças profundas, uma ruptura com a maneira tradicional de fazer as coisas; introdução de novos conceitos e novas tecnologias; requer novos conhecimentos, habilidades e atitudes.
Conceitos interessantes e promissores	Laranja	Conceitos são ideias genéricas promissoras, mas ainda não suficientemente desenvolvidas para serem usadas. Servem como gatilhos para geração de ideias mais específicas.
Muito arrojadas	Amarelo	Ideias sem condições de serem usadas neste momento. Talvez algum dia, mas não tão cedo.

3. Como usar a Matriz de Classificação de Ideias

1. Liste e numere as ideias.
2. Forneça a lista para cada participante ou afixe-a na parede.
3. Entregue a cada participante quatro cartões coloridos: azul, verde, vermelho e amarelo.

4. Instrua cada participante a selecionar um determinado número de ideias para cada classe. Este número, igual para todos os participantes, será escolhido pelo coordenador, dependendo do número total de ideias a serem classificadas, conforme sugerido no quadro a seguir:

Número total de ideias	Votos por cartão (cor)
Acima de 30	Até 10
21 a 30	Até 7
11 a 20	Até 4
Até a 10	1 a 3

5. Cada participante anota o número da ideia no respectivo cartão colorido até completar o número de votos permitidos em cada cor. É obrigatório que cada participante use o número total de votos por cartão.
6. Conte o número de cores por ideia. Cada ideia será classificada pela cor dominante, ou seja, a cor mais votada.
7. As ideias não votadas, sem cor, serão colocadas de lado.

Ao final, você terá as ideias de mesma natureza agrupadas e poderá dar a cada grupo o tratamento mais adequado à situação e aos seus objetivos.

4. Prudência ou audácia?

As ideias de cor laranja (conceitos interessantes e promissores) são soluções genéricas que podem fornecer direções para ideias mais práticas e objetivas, merecendo uma análise mais cuidadosa. Veja a ferramenta Leque Conceitual que pode ajudar no desenvolvimento destes conceitos e na extração de ideias implementáveis.

Com qual grupo de ideias devo trabalhar? A resposta é: depende. Depende do grau de inovação que você necessita para resolver seu problema. Basta uma simples melhoria incremental ou é necessária uma mudança radical de métodos? Basta passar de carroça para caminhão, ou você precisa de um trem bala? O que seus competidores andam fazendo? A que distância você está deles?

Algumas vezes, uma boa estratégia é implantar de imediato as melhorias mais simples e se preparar para as mudanças mais radicais. Prudência ou audácia, pequenos passos ou grandes saltos? Cada um sabe onde o sapato lhe aperta, como também o comprimento de suas pernas.

PNI: Positivo, Negativo e Interessante

1. O que é

PNI é uma ferramenta que tem como objetivo explorar e desenvolver uma ideia pela análise de seus pontos fortes, fracos e interessantes.

Positivo: as boas coisas, o que você gosta na ideia.

Negativo: as coisas ruins, o que você não gosta.

Interessante: o que você acha interessante e que merece uma reflexão.

Ao invés de dizer simplesmente que gosta ou não gosta de uma ideia, use o PNI para explorar melhor seus diversos aspectos, antes de fazer seu julgamento.

2. Qual é o propósito?

O PNI nos ajuda a:

- ❖ Ver os dois lados de um argumento.
- ❖ Ver as coisas sob diferentes perspectivas.
- ❖ Ampliar sua visão sobre um assunto.
- ❖ Explorar ideias antes de fazer o julgamento
- ❖ Fundamentar melhor as decisões.

3. Como usar o PNI:

Analise os diversos aspectos da ideia e os classifique usando um quadro como este:

POSITIVO	NEGATIVO	INTERESSANTE
Do que eu gosto	Do que eu não gosto	O que me parece interessante

Usar o PNI não é simplesmente fazer uma listagem dos pontos positivos, negativos e interessantes, mas olhar cuidadosamente para cada um destes aspectos e explorar como a ideia pode ser enriquecida em cada uma destas três direções.

Na direção do **Positivo**, como os pontos fortes podem ser aprimorados ou usados como pontes para novos conceitos.

Na direção do **Negativo**, como os pontos fracos podem neutralizados ou minimizados.

Na direção do **Interessante**, a exploração do que está além da aceitação ou rejeição da ideia. Os pontos interessantes podem levar à percepção de conceitos que revelam novas perspectivas e a exploração de opções não consideradas antes. Use a ferramenta Leque Conceitual para desenvolver novas ideias a partir do conceito promissor identificado na ideia.

Alguns critérios que podem ser usados para avaliar os pontos positivos ou negativos da ideia e, se for o caso, reformulá-la:

Utilidade   A ideia resolve o problema? Completamente ou parcialmente? Cria novos problemas? Como evitar ou reduzir seus efeitos colaterais?

Factibilidade Pode ser colocada em prática? Temos os meios e recursos para implementá-la? O que podemos fazer para viabilizar sua implementação?

Aceitabilidade Quais as resistências para a sua adoção? Quem teremos de convencer? Como torná-la mais aceitável?

Sustentabilidade Os benefícios compensam os custos? Os custos podem ser reduzidos? Os benefícios podem ser ampliados?

Ao final deste processo exploratório ter-se-á:

- ❖ Uma melhor compreensão da ideia e bases mais sólidas para uma tomada de decisão.
- ❖ Se for o caso, uma reformulação da ideia original, com o fortalecimento de seus aspectos positivos, minimização dos negativos ou a exploração de seus pontos interessantes.

4. Exercício

Elabore o quadro PNI para as seguintes ideias:

a) No futuro todos usarão um bracelete que, além do celular, terá dispositivos de identificação da identidade, do posicionamento da pessoa (GPS) em tempo real e informações sobre seu tipo sanguíneo e histórico de sua saúde.

b) Todo adulto deverá servir uma semana por ano na força policial.

c) Os carros particulares devem ser banidos dos centros das grandes cidades.

d) Os meses não serão mais divididos em semanas, mas em períodos de dez dias, com sete dias seguidos de trabalho e três de descanso.

Análise do Campo de Forças

1. O que é

A Análise do campo de Força é uma técnica utilizada para examinar todas as forças favoráveis e contrárias a uma ideia ou decisão.

2. Quando usar

Use esta ferramenta para identificar e avaliar as forças favoráveis e as resistências à aceitação de uma ideia ou projeto de mudança. A comparação entre prós e contras fornece orientação para delineamento da estratégia de mudança, de forma a compensar as forças contrárias e fortalecer as favoráveis, melhorando a viabilidade e aceitação da ideia.

3. Como usar

1. Prepare o Diagrama Analise do Campo de Forças como mostrado no exemplo abaixo. Escreva no topo do diagrama a solução ou ação analisada.

    ❖ O lado direito está reservado para as forças favoráveis à mudança.

    ❖ O lado esquerdo está reservado para as forças contrárias à mudança.

    ❖ Para cada força identificada, use uma seta, cujo tamanho é proporcional a magnitude da respectiva força.

2. Use uma escala para expressar a magnitude das forças. Exemplo:

    1. Muito fraca   4. Forte
    2. Fraca   5. Muito forte
    3. Moderada

3. Realize uma sessão de *Brainstorming* para identificar as forças favoráveis e contrárias.

4. Terminada a listagem, avalie a magnitude de cada força usando a escala acima.

5. Transfira as conclusões do *Brainstorming* para o diagrama, como mostrado a seguir.

ANÁLISE DO CAMPO DE FORÇAS

Projeto: Modernização da fábrica com nova linha de produção

+5	+4	+3	+2	+1	-1	-2	-3	-4	-5

Clientes desejam novos produtos →
← Equipe temerosa com a nova tecnologia
Redução de prazos de produção →
← Redução de horas extras
← Impactos ambientais da nova tecnologia
Aumento do volume de produção →
← Custos
Controle sobre crescentes custos de manutenção →
← Ruptura de práticas arraigadas

Forças favoráveis | Forças contrárias

6. Analise as forças e verifique quais têm alguma flexibilidade para mudanças ou que podem ser influenciadas. Decida se vale ou não a pena insistir na implementação da ideia.

7. Se positivo, crie uma estratégia para fortalecer as forças favoráveis ou enfraquecer as contrárias, ou ambas.

8. Defina as ações prioritárias. Que ações podem ser tomadas para melhorar a viabilidade e a aceitação da ideia e aumentar as suas chances de sucesso?

Diagrama de Afinidades

1. O que é

O Diagrama de Afinidades é uma técnica que nos ajuda a organizar ideias ou informações similares em grupos. Afinidade significa semelhança e o uso desta técnica consiste na identificação de temas num grande conjunto de ideias e agrupá-las segundo estes temas (categorias).

2. Quando usar

Use o Diagrama de Afinidades quando você tem uma grande quantidade de ideias ou informações e fica difícil tomar uma decisão sem antes fazer uma organização de material aparentemente desconexo. Esta técnica nos ajuda a:

- Extrair temas comuns de uma grande quantidade de ideias ou informações.
- Descobrir conexões não previamente percebidas entre várias ideias ou informações.
- Investigar as causas e soluções para um problema.

3. Como usar

A seguir apresentamos o processo de elaboração do Diagrama de Afinidades passo a passo:

1. Descreva o problema ou assunto estudado.
2. Usando o Brainstorming ou outra ferramenta de criatividade, gere as ideias para solução do problema. Elimine as duplicidades.
3. Escreva cada ideia em um *Post-Ít* ou pequeno cartão de forma que seja legível para todas as pessoas da equipe. Uma ideia por cartão, um cartão para cada ideia.

4. Usando *flip-chart*, quadro ou parede, pegue algumas folhas de *flip-chart* e as divida verticalmente em colunas. O numero de colunas dependerá da quantidade de ideias geradas; 200 itens poderão requerer até 15 colunas. Use letras maiúsculas colocadas no topo de cada coluna para identificá-la.

5. Explique o processo para a equipe e esclareça que deverão responder as seguintes questões:

    ❖ Quais ideias são similares?
    ❖ Que ideias são conectadas umas às outras?
    ❖ Que ideias levam a ações semelhantes?

6. Peque o primeiro cartão e coloque-o na coluna do meio.

7. Peque o segundo cartão e pergunte se a ideia deste cartão é similar à primeira ideia. Se for, coloque-a na mesma coluna do primeiro cartão. Se negativo, coloque-a em outra coluna. Se houver uma pequena semelhança coloque a nova ideia numa coluna próxima.

8. Repita o processo com os demais cartões, colocando-os nas colunas de ideias similares, ou usando novas colunas para as ideias sem similaridade com as ideias já examinadas. Se uma ideia apresentar similaridade com mais de uma ideia, duplique o seu cartão e coloque suas duplicatas nas outras colunas. Reexamine a classificação para evitar excesso de duplicatas.

9. Terminados os cartões, examine o tamanho dos grupos (colunas):

    ❖ Se um grupo tem somente um ou dois cartões, pergunte se devem ser movidos para outro grupo.
    ❖ Se um grupo for muito maior do que os demais, pergunte se não deve ser dividido em dois ou mais grupos.

10. Este é o momento de dar nomes aos grupos (colunas). Pergunte a equipe: "Que frase ou palavra chave resume o tema central ou a essência deste grupo?" Use títulos pequenos para nomear cada grupo, no máximo três palavras.

11. Em alguns casos, grupos semelhantes podem ser reunidos em super grupos, evidenciando conexões e similaridades num nível mais elevado.

Nota: no caso de um grande número de participantes, é aconselhável dividir a equipe em grupos menores (3 ou 4 pessoas). Cada grupo trabalha isoladamente no agrupamento das ideias similares, evitando interferências entre grupos. Realizada o agrupamento preliminar, a equipe se reúne para obter o consenso, seguindo os passos 6 a 11 acima.

Matriz Decisória

1. O que é

Uma Matriz Decisória permite a comparação e priorização de soluções para um problema e escolha da melhor opção, mediante:

a) Especificação e graduação de critérios de avaliação com base nas necessidades dos tomadores de decisão.

b) Avaliação, classificação e comparação de diferentes soluções

2. Quando usar

Use a Matriz Decisória quando tiver de tomar uma decisão entre diversas ideias alternativas que podem ser comparadas através de um conjunto de critérios que expressam os requisitos que devem ser considerados na solução do problema.

3. Como usar

A estruturação da matriz começa pela decisão sobre as informações necessárias para a tomada de decisão:

Critérios: escolha os conceitos que expressam os requisitos adotados para a comparação das ideias/soluções geradas. Este é um passo fundamental e a escolha depende da natureza do problema a ser resolvido. Comece perguntando: Que requisitos devem ser atendidos para assegurar a eficácia na solução deste problema?

Alguns critérios muito usados: originalidade, utilidade, aceitabilidade, sustentabilidade, praticidade, valor do investimento, benefícios, etc. Esta lista é um mero exemplo e não se trata de uma recomendação genérica. Consulte "Critérios para Avaliação de Soluções Criativas" nesta seção.

Peso: defina um peso para cada critério baseado em sua importância na decisão final. Este peso é um número inteiro escolhido numa escala previamente definida (1 a 3, ou 1 a 5, ou 1 a 10, etc.). Atribua o peso maior para os critérios mais importantes, o peso menor para os menos importantes, e os valores intermediários para os demais critérios.

Opções: são as diversas ideias ou soluções a serem avaliadas e comparadas.

Pontos: defina a escala de pontuação para avaliar a extensão em que cada opção atende cada um dos critérios adotados. Por exemplo, numa escala de 1 a 5, a pontuação menor (1) significa que a opção avaliada atende fracamente o critério e a pontuação maior (5) atende totalmente. Os pontos de valor 2, 3 e 4 são usados para indicar os estágios intermediários de atendimento.

Alguns critérios, como custos e riscos, são pontuados de forma invertida, ou seja, peso 1 para os custos e riscos elevados e peso máximo para custos e riscos baixos.

Avaliação: o resultado da multiplicação do número de pontos atribuídos a uma opção em determinado critério pelo peso deste critério. Para cada opção some os resultados das multiplicações para obter a pontuação total e a graduação de cada opção.

O exemplo abaixo ilustra a estruturação e aplicação da Matriz Decisória:

Critérios	Peso	Opção A		Opção B		Opção C	
		Pontos	Avaliação	Pontos	Avaliação	Pontos	Avaliação
Critério C1	1	3	3	5	5	2	2
Critério C2	2	2	4	2	4	4	8
Critério C3	2	1	2	3	6	1	2
Critério C4	3	1	3	2	6	1	3
Total			12		21		15

Neste exemplo, a opção B se apresenta como a melhor solução.

Um conselho final: seja sempre cauteloso na interpretação dos resultados da aplicação da Matriz Decisória ou qualquer outra ferramenta semelhante. É prudente questionar a validade do caminho tomado para chegar à conclusão obtida. A conclusão faz sentido? O que dizem seus sentimentos e sua intuição? Você está confortável com esta conclusão?

Seção IV
Solução Criativa de Problemas

Introdução

A Solução Criativa de Problemas (SCP), criada por Alex F. Osborn e Sid Parnes, é um conjunto de processos que formam uma metodologia eficaz para analisar e solucionar problemas; identificar e realizar oportunidades; estabelecer e realizar objetivos. O uso do SCP possibilita a indivíduos e organizações serem mais criativos, inovadores e ter êxito na solução de problemas complexos e na efetivação de oportunidades de melhoria e inovação de processos, produtos e serviços.

Problema: uma discrepância entre o resultado obtido e o resultado esperado (objetivo, padrão, meta, especificação, norma, etc.). Pode ser um conflito, gargalo, defeito, atraso, desperdício e tudo o mais que causa reclamações, insatisfação e prejuízos. Numa perspectiva positiva, um problema pode ser visto como uma oportunidade de se fazer algo diferente e de se criar vantagens competitivas.

Oportunidade: uma combinação favorável de circunstâncias que oferecem a possibilidade de se obter benefícios ou vantagens mediante ações gerenciais apropriadas e oportunas. No contexto da metodologia de solução criativa de problemas, uma oportunidade pode ser tratada como um "problema positivo". A realização de uma oportunidade demanda a remoção de obstáculos e a criação de condições que, de modo geral, requerem ações similares àquelas presentes na solução de "problemas negativos". Assim sendo, na descrição dos estágios e passos do SCP, o termo problema se aplica também a oportunidade, e vice versa.

Os três estágios da Solução Criativa de Problemas

O SCP é constituído de três estágios, divididos em seis passos, mostrados na figura a seguir:

Os seis passos guiam o processo criativo estabelecendo uma valiosa metodologia para analisar e entender o desafio (problema ou oportunidade), gerar e selecionar soluções e planejar as ações necessárias para implementar a solução selecionada. Cada passo é formado de duas fases:

Pensamento divergente: fase de geração de muitas opções e possibilidades que, conforme o estágio, podem ser dados, definições do problema, ideias, critérios de avaliação ou estratégias de implementação. É uma fase em que todo julgamento é suspenso, com ampla liberdade para imaginar opções. Representada pelas setas azuis.

Pensamento convergente: fase para avaliar e fazer escolhas entre as várias opções e possibilidades imaginadas na fase divergente. Nesta fase é feita a seleção dos dados mais relevantes, das ideias mais promissoras, dos critérios e estratégias mais adequadas e viáveis. Representada pelas setas alaranjadas.

Em resumo, os três estágios e os seis passos do SCP podem ser descritos como se segue:

Entendimento do desafio. Assegure-se de estar trabalhando nos objetivos, oportunidades e desafios certos – fazendo as perguntas corretas ou descrevendo o problema de um modo que o ajudará a encontrar algumas respostas produtivas. Os três passos deste estágio são:

- ❖ **Identificação do desafio**: identificação e seleção de um objetivo, oportunidade ou problema que representa um desafio.

- ❖ **Exploração de dados:** esforço para identificar todos os fatos conhecidos relacionados à situação. Organizar as informações de acordo com sua importância e relevância. Identificar os fatos mais importantes a respeito da situação.

- ❖ Formulação do problema: considerar as diferentes formas de descrever o problema ou a oportunidade, abordando a situação sob diferentes pontos de vista. Definir qual destas diferentes visões descreve melhor a situação geral.

Geração de ideias. Um esforço para identificar as possíveis soluções do problema:

- **Fase Divergente**: procurar ideias para a solução do problema considerando diferentes abordagens e pontos de vista.

- **Fase convergente**: analise preliminar das ideias para estabelecer quais apresentam soluções potenciais para o problema. Selecionar as melhores ideias para exame posterior.

Preparação para a ação. Neste estágio, as ideias promissoras são analisadas, comparadas e aprimoradas. As ideias selecionadas são desenvolvidas em soluções úteis e em ações específicas. Este estágio é formado de dois passos:

- **Desenvolvimento de soluções**: examinar cuidadosamente as ideias mais promissoras e formatá-las em soluções potenciais. Usando critérios pré-estabelecidos, selecionar a melhor ou as melhores soluções.

- **Viabilização da mudança:** elaboração de um plano de ação para implementar a solução selecionada. Construir alianças e procurar por apoios e meios para vencer as resistências e assegurar o sucesso da implementação.

Preparação para o SCP

Embora o SCP se constitua numa metodologia bastante flexível, não pode ser considerado como uma panacéia, uma ferramenta para todas as situações. Há muitas situações em que o SCP é adequado, mas existem outras em que não é.

O sucesso no uso da metodologia de Solução Criativa de Problemas requer uma cuidadosa atenção a alguns aspectos importantes da situação:

- Os resultados desejados.
- As pessoas envolvidas nos diferentes estágios da metodologia.
- A natureza do problema a ser resolvido.

Identifique os resultados desejados

O esclarecimento das características do resultado desejado determinará a adequação do SCP a cada situação. Por exemplo, se não houver necessidade de algo novo ou diferente, o SCP pode não ser necessário ou pode ser usado com enfoque maior nos estágios de Entendimento do desafio e Preparação para a ação, minimizando o tempo dedicado ao estágio Geração de ideias.

Considere as pessoas envolvidas

Identifique e conheça as pessoas envolvidas nas tarefas de desenvolvimento e implementação da solução do problema. Até que ponto as pessoas chaves estão realmente comprometidas e engajadas no desafio? Levante informações sobre a natureza das relações entre as pessoas e unidades envolvidas e sobre a existência de conflitos que possam criar obstáculos e comprometer a cooperação entre elas.

Considere a natureza do problema

Numa visão bem ampla, os problemas encontrados nas organizações podem ser classificados em dois tipos:

Problemas estruturados: problemas em que a relação efeito→causa→solução é relativamente bem conhecida ou pode ser determinada pelo uso de técnicas de análise apropriadas. As variáveis relevantes são conhecidas ou facilmente identificáveis. São problemas comuns nas áreas de engenharia, mecânica, finanças, gestão da produção e outras. Exemplos: uma válvula com vazamentos, erros na entrega de uma mercadoria, presença de impurezas na preparação de alimentos. Estes problemas têm soluções objetivas e métodos de análise e resolução conhecidos e confiáveis, como o MASP – Metodologia de Análise e Solução de Problemas.

Nestes casos, a solução decorre da correta formulação do problema e da análise sistematizada dos dados coletados. Se a definição do problema e a análise dos dados forem bem feitas, as causas são identificadas e a solução correta torna-se óbvia.

Nem sempre, a solução deste tipo de problema requer criatividade e imaginação. O essencial para uma boa solução é a expertise no assunto, a correta definição do problema e o cuidado na coleta, organização e análise de dados. Se houver mais do que uma solução, podem ser usados critérios objetivos para a decisão sobre as opções.

Problemas não estruturados: são problemas difusos, ambíguos e comumente complexos, sem uma definição muito clara dos caminhos a seguir para sua resolução. Podem ter várias opções de solução com diferentes graus de eficácia e de aceitação pelas partes envolvidas. São problemas que requerem uma abordagem especulativa e a exploração de ideias sob diversas perspectivas. Exemplos deste tipo de problema: Como melhorar os serviços aos clientes? Como aumentar a competitividade do produto X? Como enfrentar a concorrência estrangeira? Como reduzir a poluição ambiental?

Além de complexidades técnicas, este tipo de problema pode envolver outras dificuldades, como conflitos de interesses, incertezas sobre as premissas adotadas na sua formulação e solução, restrições econômicas, sociais e ambientais, entre outras. Tipicamente, a avaliação e comparação das opções de resolução se baseiam em critérios subjetivos.

Além de expertise e de dados sobre a situação, este tipo de problema requer criatividade, intuição e habilidade para lidar com ambiguidades, dilemas e conflitos de interesses.

Entre estes dois tipos extremos, podemos encontrar uma vasta gama de problemas que apresentam uma combinação das características dos dois tipos em graus variados.

Determine a abordagem adequada

Compreendendo o resultado desejado, as pessoas envolvidas e a natureza do problema, você está em condições de determinar a abordagem mais adequada para aplicar a metodologia SCP. Isto inclui a definição de estratégias e ferramentas e a escolha da equipe.

Estratégias e ferramentas. Nem sempre será necessário que você use todos os seis passos da metodologia ou que aplique talento e tempo de uma forma uniforme. Alguns problemas exigirão enfoque especial no estágio de Entendimento do desafio, outros mais no estágio de Geração de ideias ou no estágio de Preparação para a ação. Esta flexibilidade está representada na figura a seguir.

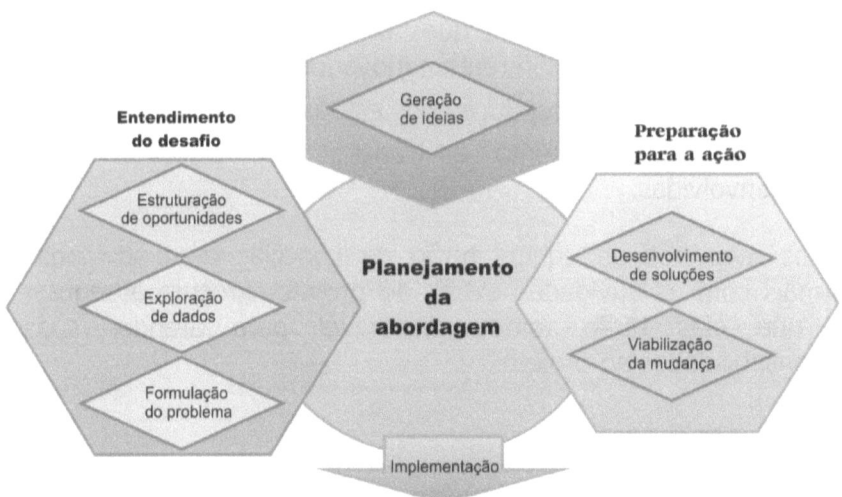

Enquanto a figura apresentada na Introdução (Os três estágios da Solução Criativa de Problemas) se mostra mais sequencial, dando uma ideia de inflexibilidade, esta figura evidencia a flexibilidade no uso da metodologia e a necessidade de planejar sua utilização conforme a natureza e complexidade de cada desafio. O losango usado na representação dos passos evidencia as fases de pensamento divergente e convergente presentes em cada passo da metodologia.

A definição do enfoque adequado nos três estágios determinará e escolha das ferramentas de análise do problema, de geração de ideias e de planejamento da ação.

Escolha da equipe. Esta é uma decisão crucial para o sucesso do projeto. Procure selecionar pessoas que tragam para a equipe competências e contribuições diferenciadas e que se complementem. Na formação da equipe considere:

- ❖ Os conhecimentos e as informações necessárias para entender o problema ou a oportunidade analisada.
- ❖ As pessoas que serão beneficiadas e têm interesse no sucesso do projeto.
- ❖ As pessoas criativas e questionadoras, que podem trazer uma perspectiva diferente e inovadora.
- ❖ Objetividade na condução dos estágios do SCP.
- ❖ Bom relacionamento e trânsito fácil pelas unidades envolvidas.

Muitos membros da equipe terão de conciliar suas atividades normais com as atividades extras do projeto. Procure assegurar de que elas terão tempo disponível para atender suas responsabilidades no projeto.

Entendimento do desafio

Indagado o que faria se tivesse apenas uma hora para salvar o mundo, Albert Einstein respondeu: "Eu gastaria 55 minutos para definir o problema e 5 minutos para resolvê-lo".

A definição do problema é reconhecida como um dos mais importantes passos para uma boa solução. Uma má definição pode nos levar a solucionar problemas errados, ocasionando mais perdas de tempo e dinheiro. Os melhores solucionadores de problemas são aqueles que são capazes de olhar os problemas sob diferentes perspectivas e perceber suas distintas peculiaridades.

Frequentemente, a definição correta do problema se mostra tão difícil como sua solução. Além da habilidade de análise, a definição de problemas complexos requer algumas habilidades adicionais como a sensibilidade para perceber e entender problemas e oportunidades, a coleta e interpretação de dados, a criação e avaliação de diversas opções.

Distorções na definição de problemas

Tomadores de decisão, como todos os seres humanos, estão sujeitos a erros sistemáticos de julgamento na análise de problemas. Vejamos algumas das mais relevantes fontes de comportamentos tendenciosos na definição de problemas:

- ❖ **Viés de percepção**. As pessoas, conscientemente ou não, filtram seletivamente as informações que recebem. O modo como as pessoas interpretam as informações depende de muitos fatores: suas crenças, valores pessoais, o estado psicológico, nível de educação, experiências anteriores, expectativas atuais, situação financeira, o grau de suscetibilidade a opiniões alheias, tendência a estereotipar, insegurança e outros.

- **Viés informacional**. O modo como a informação é disponibilizada pode enganar o tomador de decisão. O que é dito e omitido, como é apresentado, quem apresenta, a confiabilidade das fontes de informação e dos procedimentos de coleta, o grau de incerteza da informação coletada e o nível de distorção sofrido pela informação quando resumida para o relatório, ilustram possíveis modos de introduzir distorções.

- **Distorção de informação**. Não é incomum as pessoas distorcerem, consciente ou inconscientemente, as informações que recebem e repassam por uma variedade de razões. Estas razões incluem inclinações para somente informar boas notícias e evitar as más, mecanismos de defesa psicológica, defesa de interesses pessoais, rivalidades, luta pelo poder, ou simplesmente falta de ética.

- **Estereotipagem**. Formar opiniões simplistas a respeito de pessoas ou situações por julgamentos superficiais. Atribuir qualidades, defeitos, características a algo ou alguém de acordo com conceitos preconcebidos, ou classificações esquemáticas fixas, generalizações inexatas ou inadequadas.

- **Falsa representatividade**. Tendência de fazer julgamentos rápidos baseados em experiências anteriores em situações similares e ignorando diferenças importantes. Tendência de se deixar influenciar por eventos mais recentes e minimizar o significado de eventos mais distantes no tempo.

- **Pensamento de grupo**. A tendência observada em grupos de procurar consenso a respeito de um assunto em detrimento de uma avaliação realista da situação. Gerentes dogmáticos costumam agravar os efeitos do pensamento de grupo.

O modo como definimos nossos objetivos e vemos o problema afeta fortemente o modo como abordamos a situação e os resultados que obtemos. Frequentemente, a definição adotada determina totalmente as ações para a solução. Os três passos do estágio Entendimento do desafio têm o propósito de evitar o desperdício de energia, tempo e dinheiro na procura de solução do problema errado. Um problema bem definido é metade da batalha, e pode tornar sua solução óbvia.

Identificação do desafio - Passo 1

O processo se inicia com o reconhecimento de uma oportunidade, ou de uma situação problemática, ou algum resultado insatisfatório. Geralmente, as oportunidades e os problemas reais são apresentados de uma forma muito ampla e imprecisa, e necessitam de clareza para serem trabalhados e solucionados. Tempo e energia devem ser aplicados para prepará-los para a resolução. Os esforços nesta etapa ajudarão a esclarecer e a descrever melhor a oportunidade ou problema de forma a direcionar corretamente as ações para a sua resolução.

Para ajudá-lo a identificar possíveis objetivos ou direções para os passos seguintes, considere as seguintes diretrizes para a formulação do desafio:

- ❖ **Ampla**. Mantenha a formulação do desafio ampla para não limitar prematuramente seu pensamento e perder oportunidades de enfoques mais criativos.
- ❖ **Breve**. Seja sucinto, simples e claro.
- ❖ **Construtiva**. Expresse o desafio de uma maneira positiva ou afirmativa. Diga o que você quer conseguir, obter ou realizar, não o que você não quer. Use verbos de ação como: melhorar, aumentar, reduzir, eliminar, promover, desenvolver, expandir, estimular, fortalecer, produzir, mudar, etc.

Tenha sempre em consideração que a descrição do desafio não é a formulação do problema; ela é uma descrição preliminar e ainda ampla do problema ou oportunidade. Ela ainda não oferece uma descrição específica, precisa ou detalhada do problema ou oportunidade em que você deseja ou necessita trabalhar.

Seleção de oportunidades

Quando tiver várias oportunidades ou problemas a resolver, adote os seguintes critérios para estabelecer suas prioridades:

- **Influência**. Você pode fazer alguma coisa? Até que ponto? Tem autoridade para tomar decisões ou pode obter a cooperação e/ou os poderes necessários para resolver o problema?

- **Gravidade**. É realmente importante resolver este problema? Tem consequências que são críticas para você e outras pessoas?

- **Urgência**. Necessita de solução imediata?

- **Tendência**. Se não trabalhar neste problema agora, o que acontecerá? A situação se deteriorará ou permanecerá igual?

Use estes critérios para decidir que oportunidade ou problema, entre os muitos que se apresentam, representa a melhor escolha para ser trabalhada no momento.

Terminada a identificação e formulação do desafio, você pode ir para a etapa de Exploração de dados ou considerar outra etapa da metodologia SCP.

Exploração de dados - Passo 2

Este passo é a ponte entre o reconhecimento do problema, abordado no passo anterior, e sua clara definição, abordado no passo seguinte – Formulação do problema. Nesta etapa, deve-se explorar todas as possíveis fontes de informação sobre a situação problemática: impressões, percepções, registros, relatórios, notícias, artigos, opiniões dos trabalhadores, gerentes, clientes e fornecedores, etc.

A correta definição do problema requer uma cuidadosa exploração de informações sobre a situação. Somente assim podemos perceber, entender e focalizar os aspectos relevantes para a solução efetiva do problema. É importante que a situação seja examinada de diferentes pontos de vista, colhendo informações, impressões, percepções e sentimentos. Com isto, pode-se determinar que dados são mais importantes para a compreender a situação e definir o problema corretamente. Muitas vezes, a percepção do verdadeiro problema vem de fontes inesperadas ou usualmente ignoradas.

A exploração de dados deve considerar:

❖ **Base de conhecimento e informação**: conhecimento específico sobre eventos, pessoas, lugares ou situações; o que é conhecido e pode ser percebido, medido, calculado, verificado, descoberto, concluído ou inferido; a informação que você pode lembrar e usar.

- **Impressões**: o que seu "sexto sentido" diz sobre a situação, imagens de experiências passadas, intuição e pressentimentos.

- **Observações**: o que você vê, ouve, toca ou sente. Examine cuidadosamente a situação e registre as informações que você recebe através dos sentidos.

- **Sentimentos**: o impacto da situação sobre as pessoas; sua sensibilidade a sentimentos ou a reações emocionais e afetivas; suas preocupações com harmonia e relacionamentos.

- **Questionamentos**: aspectos sobre as quais você se sente inseguro, confuso ou mal informado; sua curiosidade, os paradoxos ou sentimentos de perplexidade sobre a situação.

Em resumo, ao explorar os dados, você deve examinar a situação sob diferentes pontos de vista (fase divergente) para determinar quais dados são mais importantes (fase convergente) para o completo entendimento da situação e a correta descrição do problema.

Terminada a fase de prospecção de dados, parte-se para a seleção dos dados realmente relevantes que serão analisados no passo seguinte.

Formulação do problema - Passo 3

Este passo é a conexão entre a obtenção de dados e a geração de possíveis soluções. Tendo formado uma boa noção dos fatos relevantes, neste passo procura-se aperfeiçoar a definição inicial do problema formulada no passo 1. Isto pode parecer simples, mas não é; uma das causas de fracassos na solução de problemas é a falha em definir claramente o problema real a ser resolvido. Muitas vezes, a definição inicial resulta de uma visão limitada ou deturpada da situação, ou mesmo de confusão entre o problema real e seus sintomas.

Alguns aspectos comportamentais que interferem na definição de problemas

Algumas deficiências comportamentais interferem na análise dos problemas e frequentemente resultam no tratamento equivocado dos mesmos. São:

- ❖ Confundir o problema com seus sintomas.
- ❖ Confundir suposições com fatos.
- ❖ Avaliar antes de investigar.
- ❖ Agir rapidamente, antes de pensar.
- ❖ Equiparar novas e velhas experiências, deixando de perceber as especificidades da nova situação.
- ❖ Ficar na superfície e deixar de levantar questões que vão além dos aspectos mais óbvios.
- ❖ Limitar a análise do problema ao seu campo de especialização profissional.
- ❖ Orientar decisões para um único objetivo, ignorando que muitos problemas apresentam múltiplos aspectos que devem ser tratados simultaneamente.

Questionar a definição inicial é um importante passo, e os dados obtidos na etapa anterior o ajudarão a definir adequadamente o problema real, ou seja, elaborar uma definição específica, clara, objetiva e que estimule a procura de várias possibilidades e opções. Para isto, não formule o problema de forma negativa, como por exemplo: "O problema é que não temos recursos (ou tempo, ou apoio) suficientes para realizar o trabalho". Este tipo de formulação é desencorajador e fornece razões para não agir, ao invés de reagir.

Uma boa formulação do problema é positiva, construtiva e desafia a nossa imaginação e nossas habilidades criativas. A boa formulação do problema deve atender aos seguintes critérios:

- ❖ **Forma de pergunta:** uma boa formulação deve perguntar o que fazer para se obter a solução de uma situação indesejada ou para converter uma oportunidade em um benefício ou vantagem.

- **Estimula a criatividade:** uma boa formulação convida-o a usar sua imaginação e a gerar muitas ideias e opções.
- **Livre de limitações:** Uma boa formulação deve ser ampla e aberta o máximo possível para promover a geração de muitas ideias, incluindo algumas diferentes e incomuns. Ela não deve impor limitações, restrições ou critérios que restrinjam a criatividade.
- **Concisa:** uma boa formulação do problema deve ser breve e direta ao ponto, de tal forma que seja facilmente entendida e que leve a ação imediata.
- **Clara e objetiva:** a formulação do problema deve deixar bem claros o objetivo e a ação a ser tomada. O verbo da ação deve ser construtivo e ativo (aumentar, melhorar, reduzir, garantir, etc.); o objetivo deve declarar de forma clara e concisa para que queremos gerar ideias (o que queremos aumentar, ou melhorar, ou reduzir, etc.).

Os seguintes modelos de formulação de problema atendem os critérios acima:

- De que maneira podemos...?
- Como podemos...?
- Como...?

Exemplos de formulações de problemas:

- De que maneira podemos aumentar nossas exportações para o mercado asiático?
- Como podemos reduzir em 10% os custos de fabricação do produto ABC?
- Como melhorar o atendimento aos clientes?
- Como promover a cooperação entre os departamentos de engenharia e produção?

Em muitas situações, você pode encontrar várias opções para a formulação do problema e a escolha da melhor formulação requer a consideração das seguintes questões:

- Qual a essência de meus objetivos, metas e desejos?
- Que formulação sugere as direções mais úteis?
- Que formulação gerará as ideias mais valiosas?
- Algumas formulações abordam temas ou preocupações semelhantes? Podem ser combinadas?
- Com qual formulação devo começar a trabalhar?

Para uma melhor orientação na formulação do desafio consulte o capítulo "A arte das perguntas criativas e desafiadoras" na Seção I.

Geração de ideias

Geração de ideias – Passo 4

Assim que o problema esteja claramente definido, uma grande quantidade de possíveis soluções pode ser gerada, usando-se técnicas de criatividade previamente selecionadas. Nesta etapa, com a ajuda de ferramentas de criatividade mais apropriadas à situação, a mente trabalha livremente para gerar ideias que serão posteriormente avaliadas, comparadas, melhoradas ou combinadas. Para selecionar as ferramentas consulte a Seção II – Ferramentas de Criatividade.

As ferramentas são recursos valiosos para ajudar na superação dos bloqueios à criatividade discutidos na Seção I – O Processo Criativo, mas não são suficientes. É fundamental que a equipe responsável pela solução do problema tenha e cultive atitudes que fomentem a criatividade e libertem a imaginação.

As atitudes das pessoas altamente criativas

Criatividade não é meramente uma questão de técnicas e habilidades, mas, sobretudo, de uma atitude mental no trato de problemas, oportunidades e ideias. Mesmo para alguém versado nas técnicas de criatividade, sem uma atitude mental correta, estas técnicas não produzirão resultados. Para serem eficazes, as técnicas de criatividade precisam ser acompanhadas de atitudes que nos levem a ver a situação sob diferentes perspectivas e a trilhar caminhos nunca antes tentados. Algumas atitudes mentais essenciais para o pensamento criativo são apresentadas na Seção I – O Processo Criativo.

Pré-seleção de ideias

Depois de gerar as ideias, chega a hora de realizar uma análise e decidir quais são as mais promissoras e que valem a pena ser levadas para a etapa seguinte e serem utilizadas no desenvolvimento de soluções. Esta classificação pode ser realizada utilizando-se as ferramentas da Seção III – Desenvolvimento e Seleção de Ideias.

Neste processo de pré-seleção, procure identificar as ideias mais promissoras e atraentes, que oferecem as melhores chances de se fazer algo novo e diferente ou que agreguem valor ao que já existe. Verifique se há ideias que podem ser combinadas.

Preparação para a ação

Desenvolvimento da solução - Passo 5

Neste passo, as ideias consideradas valiosas e promissoras são avaliadas segundo critérios previamente definidos para comparar os benefícios, custos, prazos e aspectos organizacionais, humanos, políticos, etc. Desta etapa nasce uma recomendação de ação específica para resolver o problema.

Explorando as ideias promissoras

Esta etapa fornece a oportunidade de examinar mais atentamente as ideias consideradas promissoras na etapa anterior. Esta não é uma etapa para simplesmente julgar as ideias promissoras e fazer uma escolha. Uma parte importante desta etapa é a analise criteriosa dos pontos fortes e fracos de cada ideia no sentido de estudar como cada ideia promissora pode ser melhorada, como seus pontos fortes podem ser reforçados, como os pontos fracos podem ser neutralizados e como os obstáculos a sua utilização podem ser contornados ou removidos. Nesta etapa lembre-se de que:

- ❖ Ideias não são simplesmente boas ou más; todas as ideias têm pontos fortes e fracos.
- ❖ Seu objetivo não é simplesmente encontrar uma única ideia vencedora, mas identificar todas as possibilidades que o ajudem a caminhar na direção de uma solução.

Comparação e seleção

Se você tem muitas opções, torna-se necessária a avaliação cuidadosa para a seleção da melhor ideia. Neste ponto, seus esforços para o desenvolvimento de uma solução envolvem a geração, seleção e aplicação de critérios específicos para a avaliação e priorização das opções disponíveis. Nesta etapa, podemos nos encontrar numa situação de ter de fazer uma escolha entre umas poucas ou muitas opções.

Trabalhando com poucas opções: mesmo tendo um pequeno número de opções, é importante que se faça uma avaliação criteriosa e explore de forma sistemática as possibilidades de cada opção antes de tomar uma decisão. Neste caso, você pode usar uma técnica mais simples baseada nas Vantagens, Potenciais e Limitações de cada opção.

- **Vantagens**: liste as boas características, pontos fortes e vantagens de cada ideia. É importante começar ressaltando os aspectos positivos e estabelecer uma abordagem construtiva ou afirmativa.
- **Potenciais**: estes são os benefícios de longo prazo, as boas coisas que podem se tornar possíveis como resultados da escolha da ideia.
- **Limitações**: as fraquezas potenciais ou limitações que devem ser consideradas antes de decidir pela opção. Explore as maneiras de como estas limitações poderão ser contornadas.

Trabalhando com muitas opções: neste caso você necessitará de uma Matriz Decisória (vide Seção III – Desenvolvimento e Seleção de Ideias) para examinar e comparar as opções usando os critérios desenvolvidos para avaliar e priorizar as diferentes opções.

Quando tiver aplicado todos os critérios a todas as opções, analise os resultados para determinar os próximos passos. Lembre-se de que este procedimento não tem de resultar na seleção de uma única opção. Você pode identificar várias opções para serem usadas imediatamente, algumas para serem modificadas ou combinadas e outras para serem usadas mais tarde.

Viabilização da mudança - Passo 6

Este é o importante estágio em que você fará todos os esforços para assegurar que suas ideias sejam aceitas e se tornem em soluções uteis. Investigue todos os meios para obter apoio e para minimizar as possíveis resistências. Finalmente, planeje os passos específicos, no longo e no curto prazos, para assegurar os recursos, realizar as atividades e avaliar seus progressos.

Neste passo, um plano de ação é criado, identificando o que será feito, por quem, quando, onde e como. Este plano deve ser apresentado e explicado a todas as pessoas envolvidas na sua implementação, bem como as que serão afetadas pelas mudanças.

Identifique os prováveis apoiadores – pessoas, recursos e condições:

Quem:	Pessoas prestativas e/ou beneficiadas pelas mudanças.
O quê?	Os recursos essenciais necessários.
Quando?	A época mais favorável.
Onde?	O lugar mais adequado.
Por quê?	As melhores e mais fortes justificativas para as suas ideias.

Identifique as possíveis resistências – pessoas, recursos e condições:

Quem?	Críticos e oponentes. Quem tem algo a perder? Quem será incomodado?
O quê?	Os recursos que podem faltar, serem perdidos ou negligenciados.
Quando?	A época menos favorável.

Onde?   O lugar menos adequado.
Por quê?   As justificativas mais frágeis para suas ideias.

Este é o momento de colocar em ação toda sua capacidade de persuasão e suas habilidades de lidar com indiferença, desconfiança, argumentos infundados e objeções sinceras.

Finalmente, os instrumentos de monitoramento são definidos para avaliação dos resultados obtidos e da eficácia do plano de ação, bem como para identificação da necessidade de eventuais medidas corretivas.

Use o formulário anexo – Modelo para Planejamento da Implementação - para consolidar as informações obtidas na etapa de viabilização de mudança.

Implementação da solução

Neste passo, o plano de ação é acionado para a efetivação das mudanças aprovadas e os resultados são monitorados para se avaliar a eficácia destas mudanças. A equipe responsável pelas mudanças deve permanecer atenta para identificar eventuais falhas e agir prontamente para corrigi-las e fazer os ajustes necessários. Sempre que possível, testar as mudanças num projeto piloto, identificar e corrigir as falhas antes de implementar as mudanças em todo o sistema.

Na Seção V – Transformando Ideias em Ações – apresentamos com mais profundidade algumas técnicas e boas práticas gerenciais empregadas para assegurar o sucesso no planejamento, execução e monitoramento da implementação das ações de melhoria e inovação.

Anexo - Modelo para Planejamento da Implementação

Propósito: Criar um roteiro para seus esforços de melhoria e para apoiar a implementação.

Diretrizes:
1. Use este formulário para consolidar as informações obtidas na etapa de viabilização de mudança e que servirão para a elaboração do Plano de Ação.
2. Adapte este modelo a suas necessidades específicas.

Etapas O que será feito?	Responsáveis Quem o fará?	Prazo Quando?	Recursos A. Disponíveis B. Necessários	Barreiras potenciais A. Indivíduos ou organizações que poderão resistir. B. Como?	Plano de Comunicação Quem está envolvido? Com que frequência?
Etapa 1			A.	A.	
			B.	B.	
Etapa 2			A.	A.	
			B.	B.	
Etapa 3			A.	A.	
			B.	B.	
Etapa 4			A.	A.	
			B.	B.	

Evidência de progressos - *Como saberemos se estamos progredindo?*

Processo de avaliação - *Que indicadores usaremos para avaliar se o objetivo foi atingido?*

Seção V
Transformando Ideias em Ações

Como transformar ideias em ações

Por que muitos projetos de inovação ficam somente em ideias e não conseguem se transformar em ações? Mesmo quando se coloca as melhores pessoas no projeto, as ações empacam e o projeto de inovação acaba abandonado, e mais uma ideia criativa e inovadora vai para a lista de boas intenções fracassadas.

A dura realidade é que ser criativo é importante, mas não suficiente. A transformação de uma ideia em ação requer planejamento, e isto exige uma cuidadosa avaliação da situação e dos recursos humanos, materiais e financeiros necessários, bem como do tempo requerido para a execução de cada etapa do processo de execução. Requer também o monitoramento da execução passo a passo, identificar os desvios e agir prontamente para corrigir as falhas e manter a execução no rumo certo.

A execução bem sucedida de projetos de inovação não é tão difícil como pode parecer, desde que sejam planejados e conduzidos da maneira correta. Isto implica na cuidadosa atenção a quatro etapas:

1. Definição do objetivo
2. Elaboração do Plano de Ação: atividades, responsabilidades, prazos e recursos
3. Viabilização da mudança
4. Gerenciamento da execução

Definição do objetivo

O primeiro passo é estabelecer e comunicar com clareza a solução proposta e o resultado desejado, bem como o prazo para concluir o processo de mudança. Os propósitos da definição do objetivo são:

a) Servir como motivador e catalisador.

b) Assegurar o foco nos resultados desejados.

c) Alinhar os esforços da equipe.

d) Fornecer o caminho a ser seguido.

e) Permitir a avaliação dos progressos.

f) Identificar prontamente a necessidade de ajustes e correções.

Para conseguir estes propósitos, o objetivo deve ser específico, mensurável, atingível, realista e ter um prazo definido para sua realização.

Seu objetivo deve ser específico

Um objetivo específico é aquele definido de tal forma que qualquer pessoa entenda claramente que resultado se pretende atingir e em que prazo. Quanto melhor as pessoas envolvidas compreenderem o objetivo, mais fácil se torna obter o engajamento, a motivação e o alinhamento. Para assegurar a clareza, o objetivo deve ser formulado da seguinte maneira:

Verbo de ação + Objeto + Quantidade + Prazo

Exemplo: Aumentar nossa atual participação no mercado regional em 20% até dezembro de 2013.

Se o objetivo for mensurável, pode ser gerenciado

A inclusão de quantidade e de prazo na definição do objetivo estabelece critérios concretos para monitoramento e avaliação dos progressos. Permitem identificar os desvios e a pronta tomada de ações corretivas ou de ajustes no plano de ação. Selecione indicadores que permitam verificar exatamente o quanto o plano de ação já progrediu em relação ao ponto de partida e quanto ainda falta para completar seu objetivo.

Se for um objetivo de médio ou longo prazo, estabeleça marcos e metas intermediárias para facilitar o monitoramento e a avaliação dos progressos. Se não tomar este cuidado, você se arrisca a somente tomar conhecimento dos desvios quando já for muito tarde para salvar o projeto.

Seu objetivo deve ser atingível para compensar seus esforços

Ter objetivos desafiadores e relevantes é muito importante, mas os resultados almejados devem ser compatíveis com os recursos humanos, materiais e financeiros necessários. Considere as opiniões de outras pessoas interessadas no objetivo e envolvidas na sua realização sobre a viabilidade dos resultados desejados e dos prazos para obtê-los. Se o objetivo for considerado extremamente ambicioso, examine a possibilidade de realizá-lo por etapas, ou mesmo de reformulá-lo e adequar a relação entre custos e benefícios. Prazos considerados inviáveis são também fortemente desmotivadores.

Seu objetivo deve passar pelo filtro da realidade

Além da disponibilidade de recursos, examine a viabilidade do objetivo sob a perspectiva da maturidade gerencial da organização e de sua experiência em lidar com desafios de igual complexidade. Os conhecimentos, habilidades e atitudes são compatíveis e adequados? O que deve ser feito para se obter as competências necessárias? Há barreiras estruturais (burocracia, conflitos internos, sistemas falhos, etc.) que podem obstruir a realização do objetivo? Como remover ou contornar estas barreiras?

Estas questões parecem desanimadoras, mas são necessárias para se formar um bom conhecimento do terreno onde vai andar, preparar-se para enfrentar os obstáculos e traçar o caminho para atingir seu objetivo.

Se o objetivo não tiver um prazo, nunca será concluído

Ao estabelecer uma data final para a realização do objetivo, você está verdadeiramente definindo um alvo e assumindo um compromisso consigo mesmo e com sua equipe. Objetivo sem prazo não passa de um sonho vago e destinado ao esquecimento. Sem prazo definido, não há como avaliar os progressos e o entusiasmo inicial logo desvanece.

Contudo, não é suficiente ter somente um prazo final. É necessário definir os prazos iniciais e de conclusão de cada atividade, estabelecendo marcos e pontos de verificação dos progressos ao longo da execução do projeto.

O plano de ação

Com o objetivo definido, o próximo passo é a elaboração do plano de ação para a realização deste objetivo.

Qualquer que seja seu objetivo, você não terá sucesso, a menos que tenha uma estratégia e um plano detalhando o caminho a tomar para atingir seu objetivo. Este plano define o que precisa ser feito, quando precisa ser feito, por quem será feito e que recursos serão necessários. O plano de ação é o processo de operacionalização do objetivo, e deve explicitar claramente:

a) O objetivo que deve se alcançado.
b) Os passos que devem ser seguidos para atingir este objetivo, ou seja, as atividades que devem ser executadas.
c) A sequência lógica em que estas atividades devem ser executadas.
d) As datas para início e término de cada atividade.
e) O responsável pela execução de cada atividade.
f) Os recursos necessários para a execução de cada atividade
g) Os resultados intermediários (metas) a serem atingidos ao final de cada atividade.
h) Os indicadores que servirão par avaliar se as atividades foram executadas a contento.

Quem deve ser envolvido no planejamento?

Ao elaborar o planejamento, tome cuidado para prevenir algumas falhas que podem comprometer o seu plano de ação:

- ❖ Pretender a realização de muito trabalho em curto espaço de tempo.
- ❖ Não considerar adequadamente as necessidades de recursos humanos (disponibilidade de tempo, competências, etc.).

- ❖ Mau dimensionamento de recursos materiais, instalações, logística, etc.
- ❖ Omitir algum passo importante.
- ❖ Não detalhar suficientemente as atividades.
- ❖ Ignorar dependências entre atividades e não sequenciá-las corretamente.
- ❖ Não esclarecer corretamente quem tem responsabilidade e autoridade para cada atividade a ser executada.

Assim, para assegurar o sucesso, isto é, que as atividades aconteçam na forma e no momento em que foram planejadas, é imprescindível que todas as unidades e pessoas envolvidas na execução participem no planejamento. Isto inclui as pessoas diretamente responsáveis pela execução, bem como os gerentes das unidades responsáveis por atividades de apoio, fornecimento de recursos, logística, etc.

Planejando as atividades: o passo a passo numa sequência lógica

As atividades são os passos que você necessita executar para obter os resultados intermediários que contribuirão para a realização do objetivo final.

Assim, a referência inicial é o objetivo desejado, que é desmembrado nos resultados intermediários e nos passos requeridos para atingi-los. Estes passos devem ser ordenados numa sequência lógica, e alguém deve assumir a responsabilidade de fazê-los acontecer.

Antes de detalhar cada passo, é necessário definir uma estratégia de como chegar ao resultado final. A melhor maneira de fazer isto é realizar uma reunião para identificar as possíveis opções e decidir qual faz mais sentido, considerando os critérios apropriados, como recursos humanos disponíveis, custo, tempo e outros.

Quando as atividades devem acontecer?

Quando chega o momento de planejar o tempo necessário, a chave do sucesso está no sequenciamento, isto é, fazer as coisas na ordem certa e assegurar que não haja interrupções e esperas causadas por uma atividade que já devia ter sido feita e ainda não foi. A definição de quando cada atividade deve ser realizada requer:

a) Estabelecer quando o resultado final deve ser atingido.
b) Identificar as dependências entre atividades, ou seja, que atividades só podem ser iniciadas após a conclusão de determinadas atividades.
c) Identificar as atividades que podem ser total ou parcialmente simultâneas (paralelas).
d) Estabelecer uma data realista para o início de cada atividade.
e) Calcular a duração de cada atividade.

Cumpridas as etapas acima, represente graficamente o planejamento de execução usando um cronograma. Assim, ficará mais fácil verificar se há conflitos ou incoerências que possam prejudicar o bom andamento da execução.

Quem será responsável pela execução?

A menos que a responsabilidade pela execução de cada atividade seja claramente estabelecida, é certo que nada acontecerá e o plano de ação não passará de um sonho. A responsabilidade deverá ser acompanhada por um nível equivalente de autoridade para resolver prontamente os problemas do dia a dia.

Ao decidir sobre quem deverá ser responsável por determinada atividade, deve-se considerar:

- ❖ A experiência, conhecimentos e habilidades exigidas pela tarefa.

- ❖ Quem está disposto a aprender, enfrentar desafios e fazer algo diferente e novo.
- ❖ Quem tem disponibilidade para realizar a tarefa na ocasião programada para sua execução.

Se não houver ninguém capacitado, disponível e disposto, torna-se necessária a capacitação de algumas pessoas, ou mesmo a contratação de uma equipe em caráter temporário. Isto poderá requerer ajustes no cronograma de execução.

Viabilizando a mudança

Quando concluímos uma ideia, uma proposta ou um plano em que acreditamos muito, temos a tendência de presumir que sua aprovação será tranquila. Se estivermos entusiasmados, tendemos a assumir que todos também se entusiasmarão. Mas este é um risco que deve ser evitado. Fuja da armadilha do mito do herói inovador, a crença de que se você chegar com uma ideia brilhante, a organização o receberá como o herói salvador. Na verdade, certas organizações costumam imolar o herói inovador no altar do comodismo e dos interesses e privilégios contrariados.

Quando necessitar de aprovação, lembre-se sempre de que o sucesso de sua empreitada depende não só da qualidade de sua ideia e de seu plano de ação, mas também da sua habilidade de convencer as pessoas de seus benefícios, de seus méritos e de sua viabilidade.

Há quatro coisas que você pode fazer para aumentar suas chances de sucesso:

1. **Construa alianças**: procure as pessoas chaves na aprovação de sua proposta e tente obter seu interesse e aprovação prévia. Não vá para a reunião de apresentação sem uma boa rede de alianças.

2. **Identifique os prováveis opositores**: quem poderá ter algo a perder se a ideia tiver sucesso, ou algo a ganhar se a ideia falhar? Quem se sentirá ameaçado ou desconfortável em lidar com as mudanças? Prepare-se para as criticas e objeções e as responda com objetividade e com respeito pelas pessoas com pontos de vista diferentes.

3. **Simplicidade**: não sobrecarregue sua proposta com toneladas de dados e análises, limite-se ao mínimo necessário. Seja direto e conciso, muitos detalhes podem distrair a audiência, ou oferecer oportunidades para a

discussão se afastar dos aspectos relevantes de sua proposta.

4. **Destaque os benefícios**: as pessoas querem saber o que têm a ganhar. Assegure-se de posicionar a ideia em termos dos benefícios gerados.

A arte de vender suas ideias

Vender ideias não é uma tarefa fácil; diferente de um produto, uma ideia não pode ser apalpada, cheirada ou medida. A força de venda de suas ideias está na sua capacidade de persuasão sobre as suas vantagens, benefícios e viabilidade.

O ponto crucial de todo processo de mudança é o momento em que suas propostas serão julgadas por quem tem a autoridade e poder de decisão. Suas ideias passarão não só por avaliações segundo critérios objetivos de viabilidade operacional, técnica e econômica, mas também pelo crivo de interesses variados e por visões e enfoques diferentes dos seus. Pouco importa se estes interesses são legítimos ou não, ou se os enfoques são ou não pertinentes, eles estarão presentes e não podem ser ignorados.

Este é o momento em que são colocadas à prova suas habilidades de persuasão e negociação. Todo cuidado é pouco e nenhuma preparação é exagerada. Depois de vários anos lidando com estas situações, aprendi algumas coisas que têm me ajudado a enfrentar com sucesso este desafio:

1. Verificação prévia: neste momento você é a pessoa menos indicada para julgar sua proposta. Você estará encantado com suas ideias e isto poderá turvar sua capacidade de discernimento. Apresente sua proposta a um grupo de amigos e peça que façam uma análise crítica. Em vez de discutir com eles, peça que esclareçam suas opiniões e estude-as cuidadosamente. Um pouco de humildade agora poderá poupar-lhe de embaraços mais tarde. Trabalhe os pontos fracos e prepara-se para responder sobre eles.

2. Público alvo: conheça as pessoas que decidirão sobre sua proposta, seus interesses, preocupações, valores e linguagem. Quem é a pessoa chave na tomada de decisão; com quem você poderá contar na defesa de suas ideias; quais serão os grandes opositores. Procure expressar as vantagens de sua ideia na linguagem destas pessoas.

3. Empatia: coloque-se no lugar de cada uma destas pessoas e procure compreender como elas entendem a situação e serão afetadas pelas mudanças. Não se trata de concordar com todos, mas sim de entender porque e como reagirão. Com este conhecimento, você poderá tratar suas objeções e preocupações de uma forma sincera, amistosa e leal. Seja firme na defesa de suas ideias, mas não se omita em relação às preocupações daqueles que discordam de você. Se vitorioso, você precisará do apoio de todos na implementação de suas ideias.

4. Credibilidade: durante sua apresentação, as pessoas estarão se perguntando sobre seu domínio do assunto e sobre a veracidade de suas afirmações e dados. Elas podem ouvi-lo educadamente, mas somente agirão se acreditarem. Algumas dicas para assegurar sua credibilidade:

- Seja prudente e nunca assuma que acreditarão piamente em você.
- Cheque cuidadosamente seus dados e suas fontes de informação.
- Diga a verdade, mesmo que ela fira, mas use de todo o seu tato.
- Não exagere e não passe do ponto de credibilidade dos ouvintes. Como diz o provérbio: *Quem quer provar muito, não prova nada.*
- Aponte as desvantagens e isto fará que todo o resto se torne mais verossímil.

O gerenciamento da execução

Tendo definido os objetivos de inovação e planejado as ações para realizá-los, bem como asseguradas a sua aceitação e aprovação, só falta agora esperar para colher os benefícios de sua brilhante ideia. Certo? Infelizmente não, pois há um longo e trabalhoso caminho a percorrer. Se acreditar que o sucesso já está garantido, você pode estar totalmente errado, vítima de excesso de confiança e da falta de cuidado na fase mais crítica de todo processo de mudança, a execução.

Em grande parte das organizações, os bons executores não costumam receber as mesmas deferências dos criadores e planejadores. Estes costumam ser vistos como portadores de dotes intelectuais; os executores são também valorizados, mas mais vistos como capatazes diligentes, persistentes, disciplinados e disciplinadores. Uma visão simplista e, geralmente, equivocada e injusta.

A execução requer muito mais do que as habilidades e energia de um capataz. Um bom executor reúne as habilidades de liderança, conhecimentos e experiência no gerenciamento de projetos e a habilidade de perceber problemas e de solucioná-los com rapidez e eficácia.

As chaves da execução eficaz

A execução bem sucedida se fundamenta em boa comunicação, indicadores para avaliar os progressos, a rápida solução de problemas e a realização periódica de avaliações do plano de ação.

Comunicação: Antes do início das atividades, o gerente do projeto deve assegurar que todos os envolvidos entendam claramente os seus objetivos, o plano de ação e as responsabilidades e autoridade de cada pessoa. É responsabilidade do gerente criar e manter os canais de comunicação para garantir que todas as informações fluam com rapidez e clareza, e que os problemas que surjam sejam prontamente relatados e resolvidos.

Indicadores: Especialmente para os projetos de média e longa duração, além dos indicadores para medir a realização dos objetivos finais, são imprescindíveis indicadores para avaliar a execução das atividades mais críticas. Estes indicadores devem fornecer alertas sobre problemas que possam ocorrer e afetar a realização dos objetivos finais. Os indicadores devem ser simples, fáceis de obter e de relatar, e na quantidade mínima e suficiente para monitorar as atividades críticas. Para definir os indicadores de alerta, procure responder as seguintes perguntas:

- ❖ Que atividades críticas podem impactar a realização dos objetivos finais se não forem executadas exatamente como planejadas (qualidade, prazos e custos)?
- ❖ Quais os prazos de início e conclusão destas atividades críticas?
- ❖ Que resultados - qualidade, prazos e custos - devem ser obtidos na conclusão destas atividades críticas?
- ❖ Como medir e avaliar estes resultados?

Solução de problemas: a definição de responsabilidade e de autoridade deve enfatizar a urgência em resolver os problemas de forma eficaz e, sempre que possível, pelas próprias pessoas que os identificaram. Para isto, é recomendável que seja acordada uma metodologia comum para analisar o problema, identificar e remover suas verdadeiras causas.

Avaliações formais: são nulas as chances de sucesso de um plano de ação que não é avaliado frequentemente e revisado quando necessário. A frequência das avaliações depende da duração e complexidade do plano, variando de uma a quatro reuniões por mês. As reuniões de avaliação e revisão do plano devem ser organizadas de forma a oferecer oportunidades e meios para:

- ❖ Avaliar os progressos das atividades e do plano em geral.
- ❖ Apresentação de problemas, obstáculos e preocupações quanto aos progressos do plano.
- ❖ Esclarecimentos sobre os objetivos, atividades, prazos, responsabilidades e autoridades.
- ❖ Recomendações sobre alterações e ajustes no plano original.
- ❖ Tudo o mais que seja julgado relevante para o sucesso do plano.

Um bom executor de projetos jamais se esquece da Primeira Lei de Murphy: *Se alguma coisa pode dar errado, dará. E mais, dará errado da pior maneira, no pior momento e de modo que cause o maior dano possível.*

Bibliografia

Adams, James L. *Ideias Criativas – Como Vencer seus Bloqueios Mentais*. Rio de Janeiro. Ediouro, 1994.

Adams, James L. *The Care & Feeding of Ideas – A Guide to Encouraging Creativity*. Menlo Park. Addison Wesley, 1986.

Amabile, Teresa M. *Creativity in Context*. Boulder. Westview, 1996.

Amabile, Teresa M. e outros. *Harvard Business Review on Breakthrough Thinking*. Boston. HBS Press, 1999.

Brown, Tim. *Design Thinking*. Rio de Janeiro. Elsevier Editora Ltda, 2009.

Buzan, Tony. *Mapa Mental*. Rio de Janeiro. Sextante, 2009.

De Bono, Edward. *Criatividade Levada a Sério*. São Paulo. Pioneira, 1994.

Csikszentmihalyi, Mihaly. *Creativity: Flow and the Psychology of Discovery and Invention*. Harper Perennial, 1996.

Fox, Mark L. *A Practical Approach to Creative Thinking*. www.slyasafox.com

Horowitz, Roni. *Introduction to ASIT*. www.start2think.com

Johansson, Frans. *O Efeito Medici*. Cruz Quebrada. Casa das Letras, 2007.

Johnson, Steven. *Where Good Ideas Come From*. New York. Riverhead, 2010.

Jand, George & Jarman, Beth. *Ponto de Ruptura e Transformação*. São Paulo. Cultrix, 1995.

Kilmann, Ralph H. *Gerenciando sem Recorrer a Soluções Paliativas*. Rio de Janeiro. Qualitymark, 1991.

Lubart, Todd. *Psicologia da Criatividade*. Porto Alegre. Artmed, 2007.

Lucchetti, Stefania. *Ideas in reality – Making Your Ideas Happen*. Hong Kong. Restless Travelers Publishing Ltd., 2011.

McCoy, Charles W. *Why Dind't I Think of That?* Paramus. Prentice Hall Press, 2002.

Michalko, Michael. *Thinkertoys – A Handbook of Business Creativity*. Berkeley. Ten Speed Press, 1991.

Osborn, Alex F. *O poder Criador da Mente*. São Paulo. IBRASA, 1965.

Plsek, Paul E. *Creativity, Innovation and Quality*. Milwaukee. ASQ Quality Press, 1997.

Praher, Charles. Manager's Guide to Fostering Innovation and Creativity in Teams. New York. McGraw Hill, 2010.

Psychologists for Social Responsibility. *What is Groupthink?* www.psysr.org/about/pubs_resources

Sickafus, Ed. *Unified Structured Inventive Thinking – A Overview*. www.u-sit.net

Takahara, Toshio. *Logical Enhancement of ASIT*. www.triz-journal.com

Thompson, Charles. *Ideias em Ação*. São Paulo. Saraiva, 1996.

Torre, Saturnino de La. *Criatividade Aplicada – Recursos para uma Formação Criativa*. São Paulo. Madras Editora Ltda, 2008.

Treffing, Donald J. *Creative Problem Solving – An Introduction*. Buffalo. Prufrock Press, 2000.

VanGundy, Arthur. *Getting to Innovation*. New York. AMACON, 2007.

Vogt, Eric E. & Brown, Juanita & Isaacs, David. *The Art of Powerful Questions*. www.theworldcafe.com

Von Oech, Roger. *Um Toc na Cuca*. São Paulo. Cultura, 1988.

Yousuf, Muhammad Imran. *Using Expert's Opinions through Delphi Technique*. Practical Assessment, Research & Evaluation, Volume 12, Number 4, May 2007.

Zhang, Jun e outros. *40 Inventive Principles with Applications in Service Operations Management*. www.triz-journal.com

www.ingramcontent.com/pod-product-compliance
Lightning Source LLC
Chambersburg PA
CBHW021816170526
45157CB00007B/2608